Mocha

今日もコーヒーを淹れて。

ご機嫌に暮らす21の方法

KADOKAWA

はじめに

みなさん、はじめまして。
石垣島に暮らしながらコーヒーを淹《い》れる時間や、パン作り、日々感じていることをＹｏｕＴｕｂｅで発信しているＭｏｃｈａと申します。

自分で焙煎したコーヒーを淹れることと、日々食べるパンを手作りするのが私の趣味です。妻にすすめられるがまま、初めてＹｏｕＴｕｂｅに動画を投稿した頃は、需要があるなんて思っていませんでした。今ではチャンネル登録者である約17万人のみなさまに支えられながら、島での暮らしを楽しんでいます。

何気ない日常を切り取った動画ですが、今では様々なコメントが届きます。「こんな生活を送ってみたい」「考え方が響きました」など、私たちが驚くような嬉しいコメントに心が潤う日々です。

50歳を過ぎて自分の人生を振り返ったとき、どんなに小さなことでもいいから、社会に何か恩返しができないだろうかと考えていました。ひとりで考えているときには何も思い浮かびませんでしたが、YouTubeやブログ、インスタグラムなどで発信を続けていくうちに感じたことがあります。

それは、様々なコメントをいただくようになり、もしかしたら自分のしていることが誰かの生活を豊かにしたり、ささくれ立った心を癒すことができるんじゃないかということ。

SNSとは形が違いますが、この本の中にも、暮らし方や考え方に役立つような新しいヒントを見つけてもらえたら嬉しいです。

私たちは田舎暮らしを選択しましたが、ベストな暮らし方は住む場所によって違って当然です。等身大の心地よい住まい方、それはそれぞれの生きる場所で実現可能だと思います。

この本では、今まで私たちがこの小さな島での暮らしを整えるために意識してきたことや、心地よいと思える空間を作るときに考えたことについてまとめています。

生きている以上、生活し続けないといけません。日々の暮らしを負担に感じたり、自分らしさを失うようなら、一度立ち止まってもいい。時間がかかっても、私たちにとっての快適とは何か？　を探していこう！　そんな気持ちで今のライフスタイルを築いてきました。

刺激的ではないけれど、穏やかに過ぎてゆく日々。植物が生える緑豊かな庭。窓から聞こえてくる波の音。コーヒーの香ばしい匂い。食欲をそそる焼きたてパン。

そのベースにあるのは、自分の幸せの価値観を大切にするということです。漠然としたイメージですが、そこから大きく外れない道を選択してきて今に至ります。時間に余裕ができた今、私にとって家事は「尊く面白い仕事」です。風に揺れる洗濯物を見ていても、洗いあがった食器を見ても、「今日もきれいにできた！」と嬉しい気持ちになります。

きっと、仕事に忙殺されていたらこんなふうには感じられなかったと思います。余裕がない中でする家事は、自分の時間を奪い取る面倒くさい作業としか思えませんでした。快く家事をできない自分が嫌になったこともありましたが、今振り返れば、時間に余裕のないライフスタイルが原因でした。

時間の余裕がもたらしてくれる効果は絶大。暮らしの中の失敗にも寛容でいられます。パン作りやコーヒーの焙煎も、常に上手くいくわけではありません。でも、考えてみれば自分の思ったとおりになることなんて、人生でそうそうありません。失敗してもそれはそれ。成功したらラッキーくらいの気持ちでいられるのも、心のゆとりがあるからです。成功することに期待しない生き方をしていると、上手くいったことが奇跡のように感じられます。

1杯のコーヒーを片手に、ゆっくり読んでもらえたら幸いです。

Chapter 1 食べるということ

Chapter 2 暮らすということ

Chapter 3 生きるということ

LIVING WITH COFFEE LIVING WITH COFFEE

Chapter

1

食べる

ということ

Chapter 1
01

ひとつひとつを楽しむこと。幸せな食時間

私は朝7時に朝食を取ります。一日のパワーチャージはしっかりとしたいのです。料理をするのも食べるのも大好きなので、日々の生活の中でも「食」は特に大切にしています。作る工程も食べている時間も、同じくらいワクワクするのです。ゆっくりとコーヒーを淹れる時間は欠かせません。焼きたてのパンが食べたい！そう思ったらパンと向き合う時間を作ります。

どれも私の「幸せな食のルーティン」です。

コーヒーの挽《ひ》き方や淹れ方にもこだわっていますし、パンも独学で作っています。どちらも手間ひまかかります。面倒ですし、上手くいかないこともあります。でも、その時間が楽しいから習慣になっています。

身体はたったひとつの乗り物で、それをちゃんと動かしてくれるのが日々の食事。そんな大切なことを若い頃には気がつきませんでした。その頃は、毎日のようにカップラーメンやジャンクフードを食べていましたが、それでも大丈夫でした。でも、ずっと若くいられるわけじゃありません。年齢とともに、前の日に食べたもので胃がもたれたり、気分がスッキリしない日もあるようになりました。

自分にとって心地よい「食」ってなんだろう。そんなことを思って、自分の身体と心が安らぐ「食」を考えるようになりました。

栄養よりも大切なのは笑顔。Mocha流・食との向き合い方

健康に良いと言われている食材はたくさんあるけど、自分に足りないものはなんだろうって考えると、悩んでしまいますよね。

私は、一日の中で「この食材を絶対に摂ろう！」と決めているものはありません。人によって足りないものは違うんだから、まずは自分が好きなもの、そして無理なく

続けられるものを選べばいい、そう思っています。

そして、一番大切にしているのは、楽しく食べるということです。

ごはんを食べるときに笑顔で楽しい時間を過ごせたら、手の込んだ料理じゃなくたって健康になれるような気がしてきませんか。

毎日、健康的な食事を取ろうと意識しすぎてしまうと、あれはだめ、これはだめ、と食の選択肢がどんどん狭まってしまうかもしれません。無理して健康食を続けるくらいなら、「明日は絶対胃がもたれるな〜」って背徳感に浸《ひた》りつつ、笑ってハンバーガーを食べる日があったっていい。実際にもたれたら……うん、明日調整しよう。それくらいのほうが、健康でいられるように思います。

まずはやってみる。心地いいなら続ける

ある日、「グルテンフリーが身体にいいんだって！」と妻がグルテン断ちを宣言しました。私の趣味だったパン作りは、「健康」のためにしばらくお休みすることになりました。

主食をすべてお米に替え、小麦が入ってないか、あらゆる食材のラベルをチェック。たまに食べたくなるパンや麺《めん》を横目に、「この我慢が明日の健康を作るんだ！」と意気込んでいましたが、結果はというと……。健康になった実感もなければ、なんだか力が出ない毎日が続いたのです。むしろ細かいことにこだわりすぎるあまり、気持ちはささくれ立ち、元気がなくなるほどでした。私にとってグルテンは、大事な心の栄養素なのかもしれません。

どちらから言い出したかは忘れましたが、「ねぇ、もうグルテン断ちやめよう？」となり、グルテンフリーブームは終了。パン作りも再開しました。

そんな経験もあって、健康に良いと言われているものも、一度試してみて自分たちの食生活にしっくりこないものは、やめることにしています。

本当に身体に合っているものは、「食べなくては」という義務感なく、食卓に並ぶもののように思います。無理なく自然に暮らしに取り入れられるものです。そのくらいの軽い気持ちで食べるものを選んだら、健康について考えるのが楽しくなります。

「食べちゃいけない」「食べなくてはいけない」、そういう決めつけやこだわりは心のストレスにもなるので、かえってエネルギーを奪います。

おおらかな心で食と向き合うのが、一番の健康法かもしれません。

朝はパン派！　……というわけでもなく。起きたときの気分、作り置きの具合によりけり

LIVING WITH COFFEE
Chapter 1
02

不自由だから自由になれた。コーヒーとの出会い

今ではコーヒーを自分で焙《ばい》煎《せん》して、心を込めて淹れるようになりましたが、昔の私は違いました。学生の頃からコーヒーは好きで飲んでいたけど、あの頃の好きと、今の好きは比べ物にならないくらい差があります（笑）。
以前はインスタントコーヒーで十分だと思っていたし、大学を卒業してからも気に入ったコーヒーを見つけて粉を取り寄せたりはしていましたが、産地がどこかなんて気にすることもありませんでした。

コーヒーに強い興味が出たのは、石垣島に住み始めてからでした。美味しいコーヒーが飲みたいと思っても、自分が本当に美味しいと感じるコーヒーには出会えません

でした。

少しコーヒーについて調べてみると、「コーヒーは粉にしてしまうと風味が落ちる」と書かれていて、今まで取り寄せていたコーヒーも新鮮ではないことに、このとき初めて気づきました。

どうせなら、焙煎したての新鮮なコーヒーが飲みたい！ それなら自分の家で豆を焙煎すればいいんじゃないか。焙煎を始めたきっかけはそんな私の気持ちからでした。

粉ミルク缶で手作りした、初めての焙煎機

さて、生豆はネットで買ったものの、焙煎するためには焙煎機を用意しないといけません。でも、焙煎機を注文するのは時間もお金もかかります。もっと手軽に始められないものかと考えた私は、ネットで〝焙煎機の作り方〟と検索しました。調べてみると、びっくりするくらい簡単にできることが分かりました！ 粉ミルクの缶の底に釘で穴を開け、側面に取っ手を付けるだけ、というお手軽さ。そのとき、ちょうど我

が家では息子が生まれ、粉ミルクの空き缶が山ほどあります！　……これはやるしかない。

そうして完成した、焙煎機第一号。作りは質素だけど、実際に使ってみると本当に焙煎ができる！　豆がパチパチと弾ける音を聞きながら、粉ミルクの缶をフリフリしている謎の中年男。背後に妻の冷ややかな視線を感じつつも作業を続けました。

初めて自分の手で焙煎した豆は、残念ながら焦《こ》げだらけ。それなのに、今まで飲んできたコーヒーよりも数段美味しかったのです！　初めてでこの美味しさなら、コツを摑《つか》んだらもっと美味しくなるのでは？　この感動体験のおかげで、週末は焙煎をするという習慣ができました。

焙煎の時間は1回15分。火が強すぎると焦げてしまうし、弱すぎると味に深みが感じられなくなってしまいます。焙煎するときに、ハゼと呼ばれる豆が弾ける瞬間があるのですが、その音を聞き逃さないように耳を澄ませていないといけません。大きい1回目のハゼと小さい2回目のハゼがあり、この2回目のハゼで豆を引き上げるのが私のおすすめ。1回目のハゼで上げてしまうとすごく酸っぱいコーヒーになってしまいますし、2回目のハゼが終わった後も焙煎し続けると苦いコーヒーになってしまいます。

焙煎は、火の強さがほんの少し違うだけで味がガラリと変わります。毎回同じ味にならないというところも、一期一会のような気がして楽しいです。もう出会えない味かもしれないと思えば、たとえ思っていた味とは違っても大切な出会いのように感じられます。

もう焙煎には慣れてきましたが、それでも失敗してしまうことがたまにあります。そんなときは、トイレやニオイの気になるところに失敗した焙煎豆をザルにあけたまま放置します。そうすると、消臭効果もあってほのかにコーヒー豆のいい匂いが部屋の中を漂うのです。

豆の個性を知ると、コーヒーは楽しい

一言でコーヒー豆といっても、種類ごとに特徴は様々です。焙煎度によって変わるので一概には言えませんが、例えばコロンビアはすっきりマイルドな印象。酸味やコクのバランスが良いです。エチオピアのモカは苦みが少なくフルーティー。浅めに焙煎すると紅茶のような匂いが香ります。

モカは「酸っぱいから苦手」と言う人も多いと思います。しかしそれは、今まで口にしてきたモカが新鮮ではないのかもしれません。新鮮なモカは柑橘系やベリーのような風味が最初にやってきます。

新鮮な豆を使うと、一般的に言われている「酸っぱい」という印象はまるでありません。私の一番好きなモカは、ハンドルネームにもしています。ぜひ、みなさんにも新鮮な状態のものを飲んでほしい。きっと世界が変わりますよ！

私の家では、モカのほかにブラジル、コロンビアの3種類の豆は必ず用意していま
す。それ以外にも、季節や気分によって飲んでいる豆が2種類くらいあって、大体5
種類は常に飲めるようにしています。同じ豆でも焙煎時間や淹れ方で風味がかなり変
わってくるので、それぞれの違いを楽しむことができるのもコーヒーの魅力です。

最初は生の豆5～6kgを3ヶ月くらいで消費していたのですが、人に送ることも増えたので3ヶ月に一度20kgくらい注文するようになりました。最近は、趣味が高じてネットでも焙煎したコーヒー豆を販売するようになりました。新鮮な豆の選定から焙煎まで、私自身が行っています。もしよかったら一度覗いてくださると嬉しいです。

一杯のコーヒーを丁寧に淹れる幸せ

コーヒーを淹れるだけなら、インスタントコーヒーや、コーヒーメーカーを使ったほうが絶対に早くて楽。とはいえ、私が自分の手で丁寧に淹れているのは、コーヒーを淹れる時間が何よりも好きだからです。

豆を挽いて、お湯を沸かして、粉にお湯を流し込んでから30秒の蒸らし時間を取って、じっくりと1滴ずつ落としていく……。

このときに大切なのは、あせらないこと。時間をかけずに淹れたコーヒーはどこか味気なく感じるものなので、心を落ち着かせてじっくりと時間をかけてお湯を注いでいきます。

美味しいコーヒーを飲みたいから、待つ時間も楽しめる。少しずつ匂い立ってくるコーヒーアロマ……ハンドドリップは舌だけでなく、五感を癒すセラピーのようなものです。

妻は、私の淹れたコーヒーを飲んで「同じ道具と豆を使っているのに、私の淹れたものとは全然違う！」と言います。30秒って意外に待ってみると長いですよね。コーヒーを淹れるのには手間がかかる、だからこそ集中した時間を過ごせます。そんな私の姿を見て妻は「そばで見ている私までなんだか気持ちが落ち着いてくる」と言います。見ているだけで落ち着いてくれるのなら、この工程を省いてコーヒーメーカーで淹れてしまうのはもったいないなと思います。

お互いが穏やかになれる、素敵な時間。

それが私の思う、幸せなコーヒータイムです。

心を癒す
コーヒーの淹れ方

焙煎編

コーヒーの生豆を1.2kg入れて焙煎すると、水分が抜けて1kgくらいになる。
自分で焙煎するようになってそれを初めて知りました。
始めた当初はミルク缶を使った手作りの焙煎機でしたが、
のちに本格的な焙煎機を購入し、現在は三代目の相棒です。

1

強火で
焙煎機を温める

焙煎機を強火で温める。コーヒー豆を販売するようになったので、1.5kg入る焙煎機を使用している。

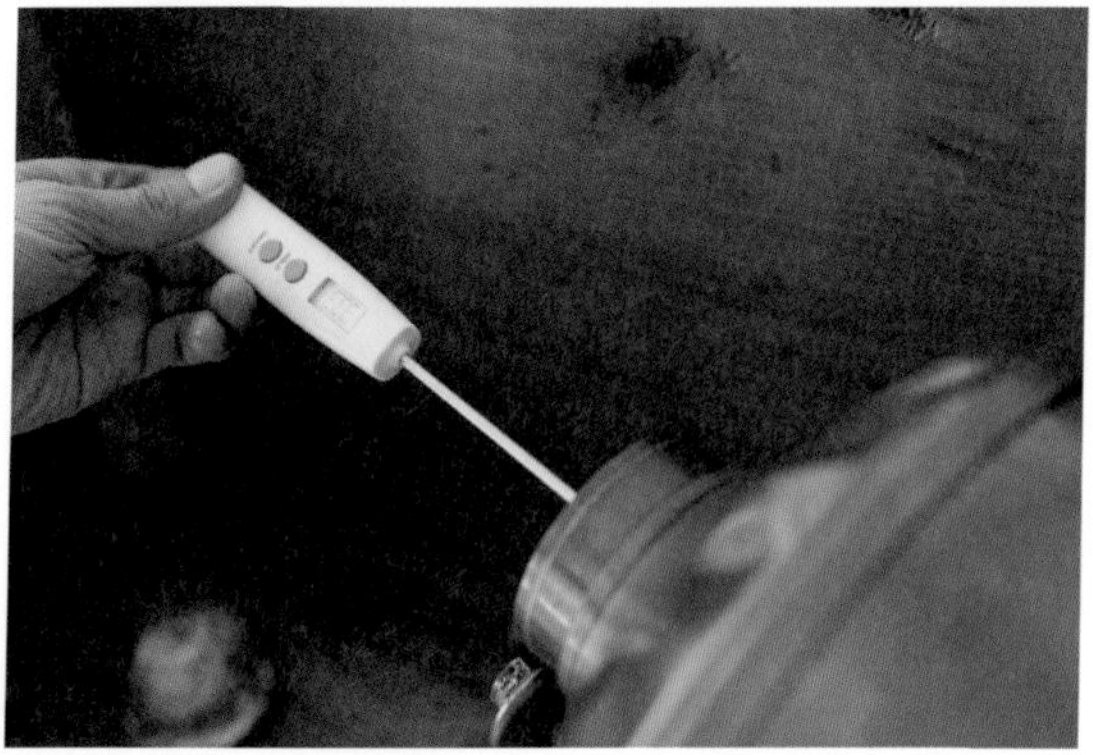

2

温度を確認して生豆を入れる

焙煎機が200°Cぐらいまで温まったら、豆を投入して焙煎していく。形の悪い豆は焙煎前に取り除くと仕上がりが良くなる。

3

豆の音を聞きながらゆっくりと回し、焙煎する

豆の水蒸気が抜ける瞬間に1ハゼが起き、数分後に1ハゼよりも小さい音で2ハゼが起きる。これが焙煎終了の合図。

4

豆をザルにあけて冷風を当てる

200°Cの余熱で焙煎が進んでしまうので、ザルにあけたら送風機で冷風を当ててすぐに冷ます。

ドリップ編

心を込めて豆を挽いて、丁寧にお湯を落とし、蒸らす間ジッと待つ……。
それだけでコーヒーはグッと美味しくなります。

左からエスプレッソメーカー、電動コーヒーミル2種、右は手挽きのミル。「自分で美味しいコーヒーを淹れてみたい！」と思ったら、最初は手挽きのミルを使うことをおすすめします。挽きたては香りも味も格別！

1

コーヒー豆を挽く

我が家ではふたり分で450ccのコーヒーを作ります。豆は38g、ちょっと贅沢に。ペーパードリップに適しているのは中挽き。この間にお湯を沸かしておく。

2

ペーパーに挽いた粉を入れる

真ん中に穴を作ると、お湯を落とす位置が分かりやすくなる。お湯が沸いたら、サーバーに移し替えて温度を下げる（コーヒーには90℃くらいがベスト）。コーヒーカップにも少し注ぎ、カップを温めておく。

3

お湯を少し注いで30秒蒸らす

くぼみにお湯をそっと落とすように入れる。下からポタポタとコーヒーが落ちてきたらストップし30秒蒸らす。この蒸らしが美味しさの秘訣。新鮮な豆を使うと、お湯を入れたときに粉がぷっくりと膨らんでくる。

4

残りのお湯をゆっくり回し入れて抽出

中心から〝の〟の字を書くようにお湯を注ぐ。ゆっくりと、お湯が落ちるのを待ちながら3回に分けて繰り返し注ぐ。

5

カップに移す

カップを温めていたお湯を捨てて、コーヒーを注ぐ。

美味しいコーヒーのでき上がり！

LIVING WITH COFFEE
Chapter 1
03
LIVING WITH COFFEE

パンはシンプルに。自分のアイディアを忘れない

自分でパンを作り始めて17年が経ちました。きっかけはコーヒーと同じで美味しいパンが食べたかったから（笑）。今でこそ自分の手で材料をコネて一から作っていますが、最初はこんなに手をかけるつもりはありませんでした。最初のパン作りはホームベーカリーが流行《はや》ったときのこと。我が家も取り入れて憧れの焼きたてパンを作ることにしました。できたてのパンは本当に美味しくて、見事にハマりました。

しかし、ホームベーカリーで作ったパンが美味しいのはできたてのときだけ、ということが分かりました。冷めてしまえば、あの美味しさはどこへやら……。冷めても

美味しいパンを作りたい。もっとアレンジを加えて自分が美味しいと思えるパンを作りたい。そんな気持ちから、どんどんパン作りにのめり込んでいきました。ホームベーカリーがきちんと動いていた頃は面倒くさいコネの作業を任せていましたが、毎日のように働かされたホームベーカリーはある日寿命を迎え、手でコネることになってしまいました。

その頃は、コネの作業をしぶしぶ行っていたのですが、気がつくとコネに集中して無心になれる心地よさにすっかりハマっていました。

今ではパンを作るために3時起きすることもあります。こう言うと変な人みたいに思われるけど、まぁいっか(笑)。この、「まぁいっか」はパンを作るときにも大切です。上手に焼けなくても、美味しくなくても「まぁいっか」。成功したらラッキーくらいの気持ちで作っています。仕事じゃなくて趣味だから、誰にも気兼ねなくトライ&エラーを楽しめるのです。

失敗から生まれる、自分好みのパン作り

初めて手ゴネで作ったパンは、見た目がしわしわで食感はゴムのようなベーグルでした。最初のうちは発酵にどのくらいの時間が必要なのかが分からず、失敗ばかり。自分なりにやり方を研究して、コネ終わった状態から生地が2倍になるくらいまで発酵するといいと知ってから、タッパーに自分でメモリを描いて、目で確認できるようにしていたこともあります。

YouTubeなどで、「何時間発酵させるんですか?」と聞かれることがあるのですが、温度によって発酵の進み具合が違うので、結局のところ見るべきはレシピや時計ではなく、目の前の生地そのものだと思っています。大切なのは「生地との対話」ですね。

私もパンを作るようになってから、暑い日は発酵しすぎてしまうとか、決まった時

間を守るだけでは意味がないと分かるようになりました。
こうやって、試行錯誤しながら作ると、自分の気づきとともにパンが美味しくなっていきます。しばらくのうちは、失敗してもどの工程でつまずいたのか分からなかったのですが、何度も回数を重ねるうちに、どこがいけなかったのか分かるようになってきました。コネが足りないか、発酵時間が上手く調整できなかったか、大体そのどちらかです。

何度かやってみると、少しずつ自分の好みのパンを作る方法も分かってきます。例えば、私は噛《か》みごたえのあるモチモチした食感のベーグルが好きなのですが、その食感を生み出すために発酵時間を短めにしています。発酵させるほどパンの生地は膨らむので、長めに発酵させてしまうとふわふわとした食感に。反対に発酵時間を短くするとモチモチとした食感になるのです。

レシピどおりじゃなくても、大丈夫

最初の頃は、どうやって作るのか基本のレシピを調べたりもしていましたが、割とすぐに自分が作りたいようにアレンジを加えるようになりました。パンはレシピどおりに作らないと失敗すると思っている人も多いと思いますが、一回やってみると「意外に大丈夫だ」と分かると思います。アレンジの仕方が分かるとパンのバリエーションが増えて、楽しみが広がっていきます。

私がよく作るのは、バゲットやカンパーニュなどのシンプルな食事パン。パンの生地を作るときの配合は自己流のアイディアを試しています。レシピには薄力粉と書いてあっても強力粉にしてみたり、無塩バターではなく有塩バターを使ってみたり。基本はプレーンですが、アレンジとしてはナッツやドライフルーツを入れることが多いです。

妻は、「ほかのパンも食べてみたい！」と思うことがあるようで、たまにパン屋へ行っていろんな種類のパンを買ってくるのですが、「違うパンを食べると、やっぱり我が家のベーシックなパンが一番美味しいと思う」と言ってくれます。

食べ慣れたものはどこか安心するし、それを家で作り出すことができる喜びは格別です。また、塩気や甘さ、食感を自分たちの好きなようにカスタマイズできるのも家で作るパンならでは、ですね。

失敗を恐れるな！　こだわるけど、追求しすぎない

せっかく材料を用意して、美味しいパンを作ろうと思ったのに全然上手くいかなかったという経験も、もちろんあります。初めて作ったベーグルなんて今とは比べ物にならないくらいひどかった（笑）。それ以降でも、きちんと生地が固まらなくて柔らかいままだったり、発酵させたはずなのに膨らまないことも……。

でも、簡単に攻略できないって楽しい！　と思っていました。失敗して、「どうし

たらいいんだろう?」と考える時間も、膨らまなかったパンをフライパンで焼いてなんとか食べられる状態にするのも、「このパン美味しくないね」と妻と笑いながら食べる時間も、なんだかすごく楽しいのです。

さて、数年経ってパン作りへの情熱はどんどん高まっていきました。ついにハードブレッドや、天然酵母にも挑戦するようになりました。初めて天然酵母を使ったときには、そのパンの美味しさに驚きました。本当に美味しいパンを作りたいならコレなのか? と考え、ついに自家製の天然酵母を作ることにしました。この道に進んだら泥沼化するな……とは思いつつやらずにはいられなかった。これはもう性格でしょうね(笑)。

なかなかクープが開かないハードブレッドに頭を抱え、手間のかかる天然酵母の様子を観察して、大忙しの日々もありました。ここだけの話、ハードブレッドとは何度も距離を置いています。いくらやっても思うように焼けないし、そのうちコネるのも嫌になって、「このままだとパンが嫌いになってしまう」と危険信号を感じ取っては休んで、また気が向いたら作ってみる……の繰り返しでした。

天然酵母も、すごく繊細で雑菌が繁殖してしまうとあっという間に使えなくなってしまいます。3日間も時間をかけて育ててきたのに、一瞬でゴミ箱行きになることも少なくありません。ちょっと天然酵母も疲れるなぁと思っていたときのことです。YouTubeの撮影では、みんながすぐ作れて手に入れやすいドライイーストを使っているのですが、改めて使い心地の良さを実感！　この使い心地で天然酵母のような味が出せないかな、なんて都合の良いことを考えていると、配合のひらめきが降りてくることもあります。

美味しいものを作りたい気持ちはモチベーションになるけれど、追求しすぎてしまうとストレスになりやめたくなってしまいます。だから、パン作りに疲れそうになったら、少し距離を置く。でも、不思議なことに、一度夢中になったことはふとまたやりたくなるんですよね。そうして、今日までパンを作り続けています。

モラセスとクルミのベーグル

材料　6個分
強力粉 ―― 350g
塩 ―― 7g
きび糖 ―― 15g
ドライイースト ―― 4g
水 ―― 185g
モラセス ―― 35g
クルミ ―― 30g

焼成時間（予熱あり）　220℃のオーブンで13分

今では「簡単」と言えるほど上達したベーグル。砂糖を精製するときに発生する廃糖蜜・モラセスは、甘みが抜けて黒糖の風味だけがふんわりと香ります。モチモチとした生地に練り込まれたクルミとの相性も抜群です。

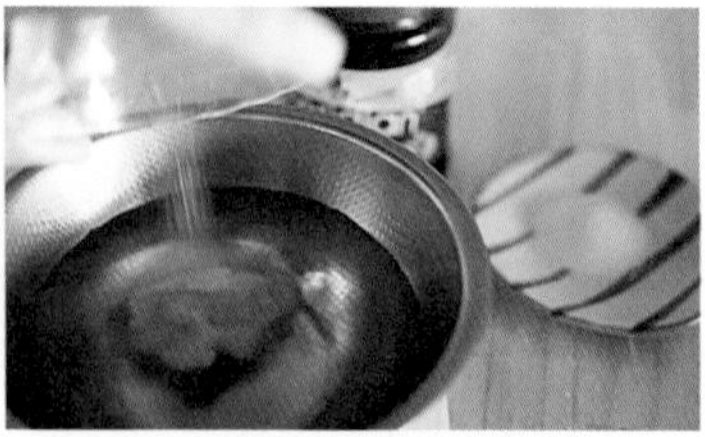

1　きび糖、ドライイースト、モラセスを水に混ぜる

水をボウルに入れ、きび糖、ドライイースト、モラセスを加えて、スプーンでよく混ぜる。

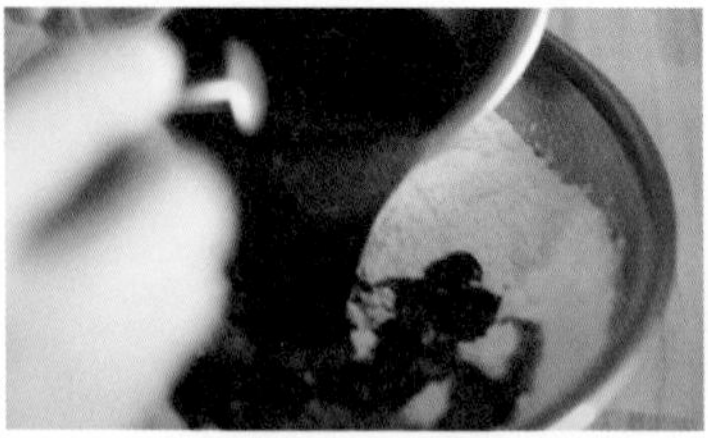

2　モラセス入りの水を強力粉に投入

別のボウルに入れた強力粉に塩を加え、1で作った水を加える。スケッパーでまんべんなく混ぜる。

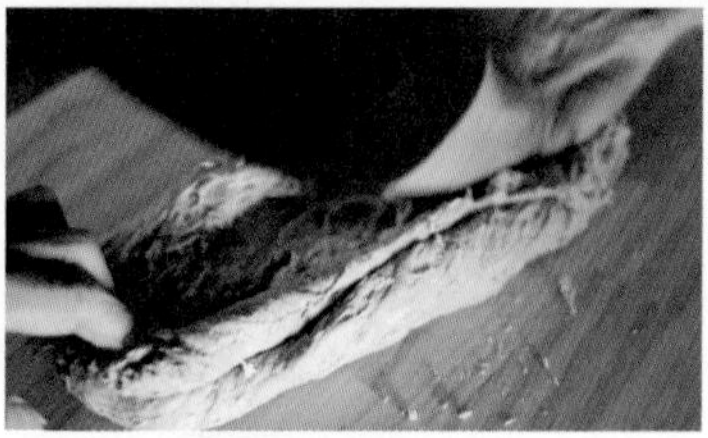

3 手でコネた後、30分の一次発酵

水と粉が馴染んできたら手を使ってコネていく。表面がつるっとしてきたら生地を寝かせるタイミング。ボウルに入れ布やラップをかけ、一次発酵は30分ほど。

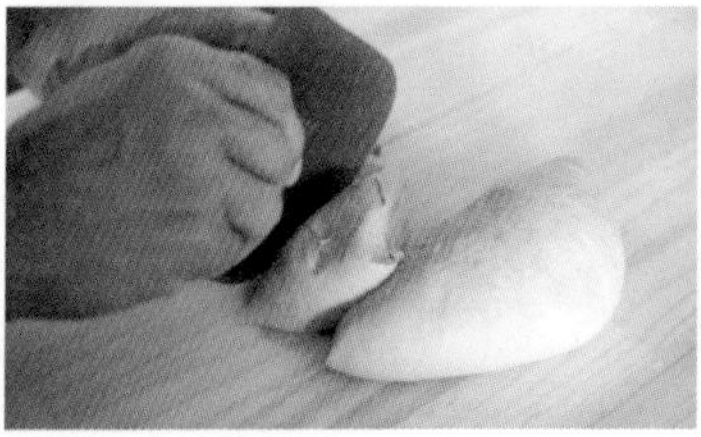

4 生地を6等分に切り分ける

一次発酵を終えた生地を台の上に移し、スケッパーで6等分に切り分ける。重さをきっちり量ると大きさも均一になる。

5 クルミを混ぜてベーグルの形に成形

小分けにした生地を10分ほど休ませてからクルミを練り込む。薄くのばした生地の上にクルミをちりばめ、紐状にしてから丸めて輪を作るイメージ。

6 20分の二次発酵の後、お湯で下茹で

成形後は20分ほど生地を寝かせ二次発酵し、沸騰したお湯で下茹《ゆ》でする。片面30秒ずつ。お湯にモラセス（またはハチミツ）を少量入れておくとツヤが出る。

7 220℃で予熱したオーブンで13分焼く

茹でた生地をクッキングシートを敷いた天板に置く。あらかじめ220℃に予熱しておいたオーブンで、13分ほど焼いたら完成。

コネないプチフランス

パン作りに慣れると、ハードブレッドに手を出したくなるもの。しっかり開いたクープ、みずみずしいクラム、カリッとしたクラスト……その魅力に取りつかれ、簡単に作れないかと考え出したのが、コネない放置パンです。

材料　6個分
準強力粉 —— 300g　塩 ———— 6g
ドライイースト –1g　水 ———— 210g
モルトパウダー — 0.5g（入れなくてもOK）

焼成時間（東芝石窯ドーム）
天板ごと予熱して、過熱水蒸気で250℃にして8分、オーブンに切り替えて250℃で10分

1　材料をボウルで混ぜる

ボウルにすべての材料を投入。スケッパーでよく混ぜ、20分休ませる。

2　生地を「すくい上げてたたむ」→20分休ませるを3セット

スケッパーで生地を「すくい上げてたたむ」を3～4回繰り返す。20分休ませたら、同じように「すくい上げてたたむ」×3～4回→20分休ませるをもう2セット。

3　2～2.5倍になるまで一次発酵

見た目の大きさが2～2.5倍に膨らむまで一次発酵。目安は3～4時間ほど、生地の様子を見ながら。

4　6つに切り分ける

打ち粉（分量外）をした台の上に生地を移し、スケッパーで2つに切り分け、それぞれを3つに切り分ける。軽く丸めて生地の上にふきんを掛けて10分休ませる。

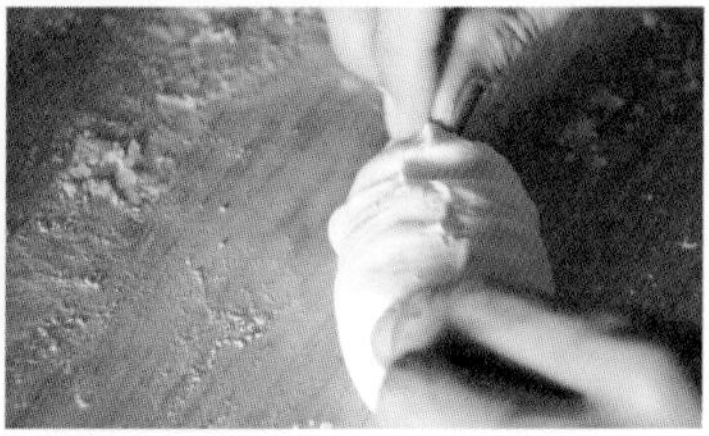

5　生地をラグビーボール状に成形する

6つに分けた生地をそれぞれラグビーボール状に丸める。

6　30分の二次発酵

布どり（パンマットやキャンバス生地の布の上で発酵させる）をし、30分ほど二次発酵。

※スチーム機能がない場合、庫内に10回ほど霧吹きし250℃で15～18分焼く

7　クープの後、250℃で15～18分焼く

二次発酵を終えたら、丸めた生地に小麦粉（分量外）をふり、表面にクープ（パンを均一に膨らませるための切り込み）を入れる。オーブンの準備は、最高温度に設定して天板を入れて予熱。スチームを入れて250℃で8分焼いた後、スチームなしで8分から10分焼いたらでき上がり。

イングリッシュマフィン

材料　６個分（セルクル：直径9㎝、高さ3㎝）

Ⓐ	強力粉	250g
	きび糖	8g
	塩	5g
	ドライイースト	3g
	水	100g
	牛乳	75g
バター		8g
コーンミール		適量

焼成時間（予熱あり）　220°Cのオーブンで13分

外側にまぶしたコーンミールは、シンプルな味だけど楽しい食感に。２つに割ってトーストすると香ばしく、そのままでも美味しさは十分。さらに、好きな具を挟んで食べるのもイングリッシュマフィンならではの魅力です。

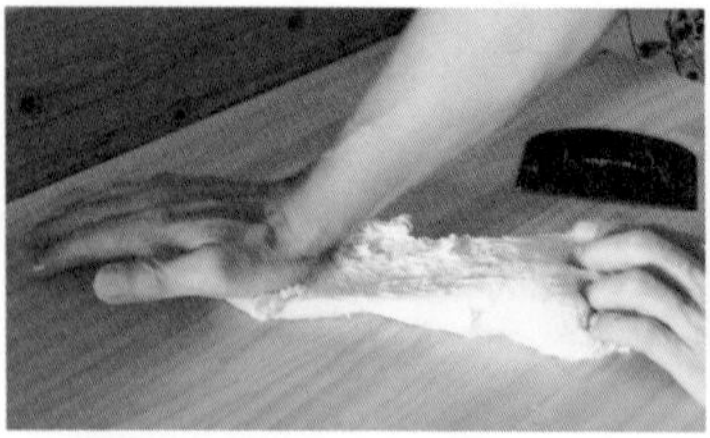

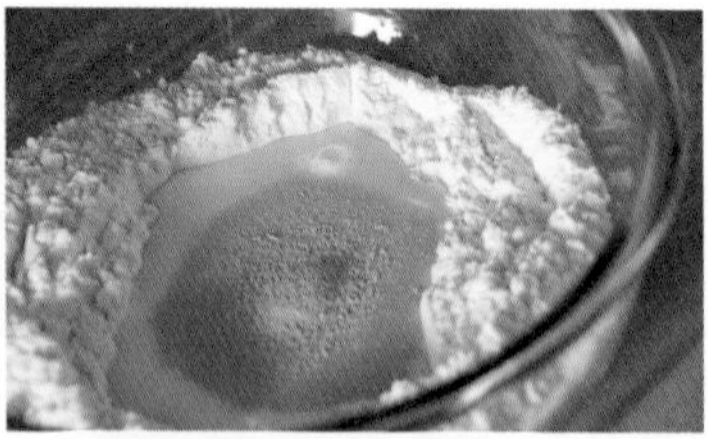

1　バター以外の材料をコネる

ボウルに材料Ⓐを入れてよく混ぜ、水と粉が馴染んできたら手を使ってコネていく。表面がつるっとしてきたら、バターを入れるタイミング。

2　バターを入れて さらにコネて一次発酵

１にバターを入れてさらにコネていく。２と同じくらいまとまりが良くなったら、生地を寝かせるタイミング。一次発酵は暖かいところで60分ほど。

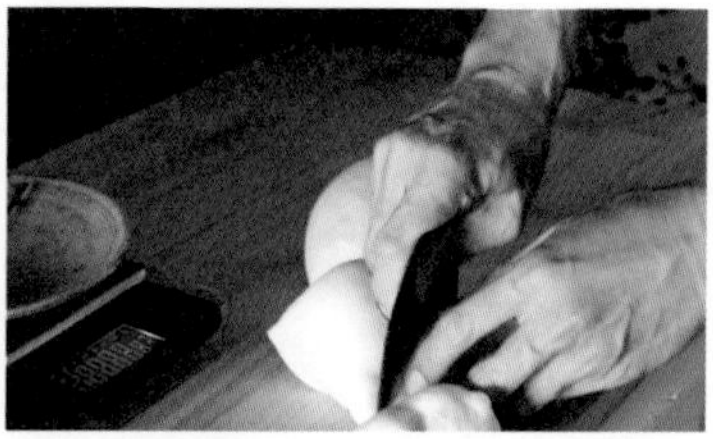

3 スケッパーで切り分けて ベンチタイム

一次発酵を終えた生地を台の上に移し、スケッパーで6等分に切り分けていく。切り分けた生地を軽く丸めて10分間休ませる。

4 セルクルを準備

天板の上にクッキングシートを敷き、内側にオイル（分量外）を塗ったセルクルを並べる。

5 丸め直して コーンミールをまぶす

3の生地を丸め直して、平たく潰す。平たくした生地に水（分量外）を塗ってコーンミールをまんべんなくまぶし、4のセルクルに入れて二次発酵30分。

6 220℃で予熱した オーブンで13分焼く

5の上に4の天板とは別の天板をのせて、220℃に予熱したオーブンで13分焼いたら完成。

ドライいちじくとクルミのSTAUBカンパーニュ

材料　(STAUB サイズ:20㎝)

準強力粉	250g	ドライイースト	1g
全粒粉	30g	水	210g
ライ麦粉	20g	ドライいちじく	適量
塩	6g	クルミ	適量

焼成時間

天板にSTAUB鍋をのせてオーブンを300℃に予熱／生地をSTAUB鍋に入れて300℃で10分／蓋を取って250℃で10分／鍋から出して250℃でさらに10分

最初はそのまま焼いていたカンパーニュですが、STAUB鍋を使えば簡単にできることが分かりました。ドライいちじくを大きめにカット、クルミはそのまま包むと、しっかりと食感が残るのでおすすめです。

1　準強力粉、全粒粉、ライ麦粉、塩、ドライイースト、水を混ぜる

ボウルに準強力粉、全粒粉、ライ麦粉、塩、ドライイースト、水を入れ、よく混ぜる。材料が混ざったら20分寝かせる。カンパーニュはコネないのがコツ。

2　生地を「すくい上げてたたむ」→20分休ませるを3セット

生地をボウルに入れたまま「すくい上げてたたむ」を３～４回繰り返す。20分休ませたら、同じように「すくい上げてたたむ」×３～４回→20分休ませるをもう２セット。

3 一次発酵は 2～2.5倍が目安

続いて一次発酵。見た目の大きさが2～2.5倍になったら一次発酵は終了。参考時間は室温23℃でおよそ5時間。

4 生地にドライいちじくとクルミを加える

一次発酵を終えた生地を平らにのばし、ドライいちじくとクルミをちりばめながら折りたたんで形を整える。

5 生地を「バヌトン」に収めて二次発酵

パン生地を発酵させるためのかご「バヌトン」の内側に小麦粉（分量外）をたっぷりふるい、丸く整えた生地を入れる。ラップをかけて30分の二次発酵へ。

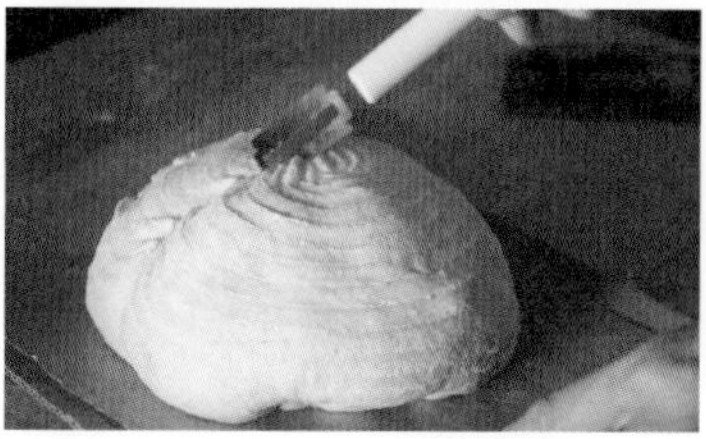

6 生地の上部にクープを入れる

二次発酵を済ませたら、かごを逆さまにして生地を取り出す。この状態で焼くことになるので、生地の上側に十文字のクープ（切り込み）を入れておく。

7 予熱したオーブンで30分焼く

予熱は300℃またはオーブンの最高温度で。予熱時にSTAUB鍋をオーブンに入れておく。予熱で温めたSTAUB鍋の中に生地を入れて、3段階で焼き上げていく。最初は最高温度で10分、次にSTAUB鍋の蓋を外した状態で250℃で10分、最後は鍋から生地を取り出して250℃で10分焼いたら完成。

ブルーベリーの白パン

材料　6個分

強力粉	250g
きび糖	10g
塩	5g
ドライイースト	3g
水	110g
牛乳	25g
ブルーベリージャム	50g
バター	10g
ドライブルーベリー	36g（6g/1個）
クリームチーズ	72g（12g/1個）

焼成時間（予熱あり）　150°Cのオーブンで15分

ふかふかの〝ハイジの白パン〟に、ブルーベリーの果肉の食感を加えたら最高なのでは！ と思って作りました。そしたら〝白〟ではなくなってしまいました（笑）。ブルーベリーが入るなら、クリームチーズも。チーズをたっぷり入れたなら、追いブルーベリーも。そうやってわがままができるのも、手作りならではです。

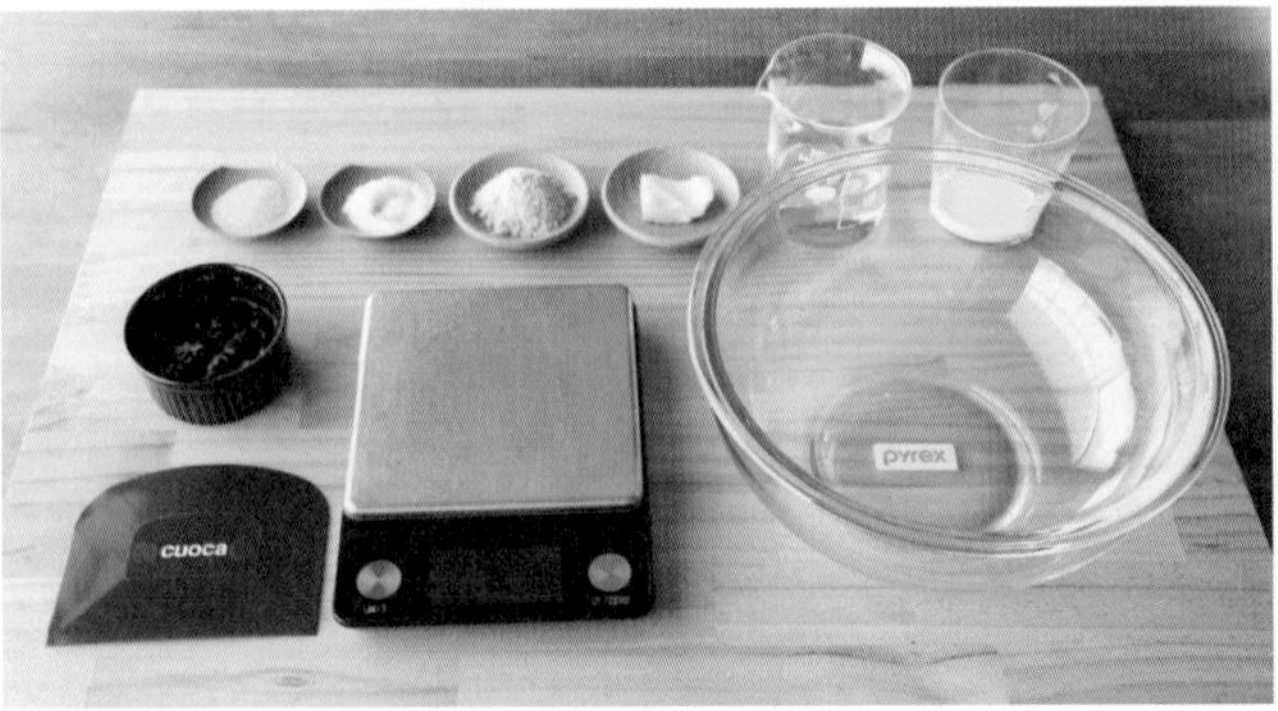

1

バター以外の生地の材料を混ぜる

ボウルに強力粉、水、牛乳、ブルーベリージャム、きび糖、ドライイースト、塩の順に入れて混ぜる。水を人肌くらいに温めておくと発酵が進みやすい。

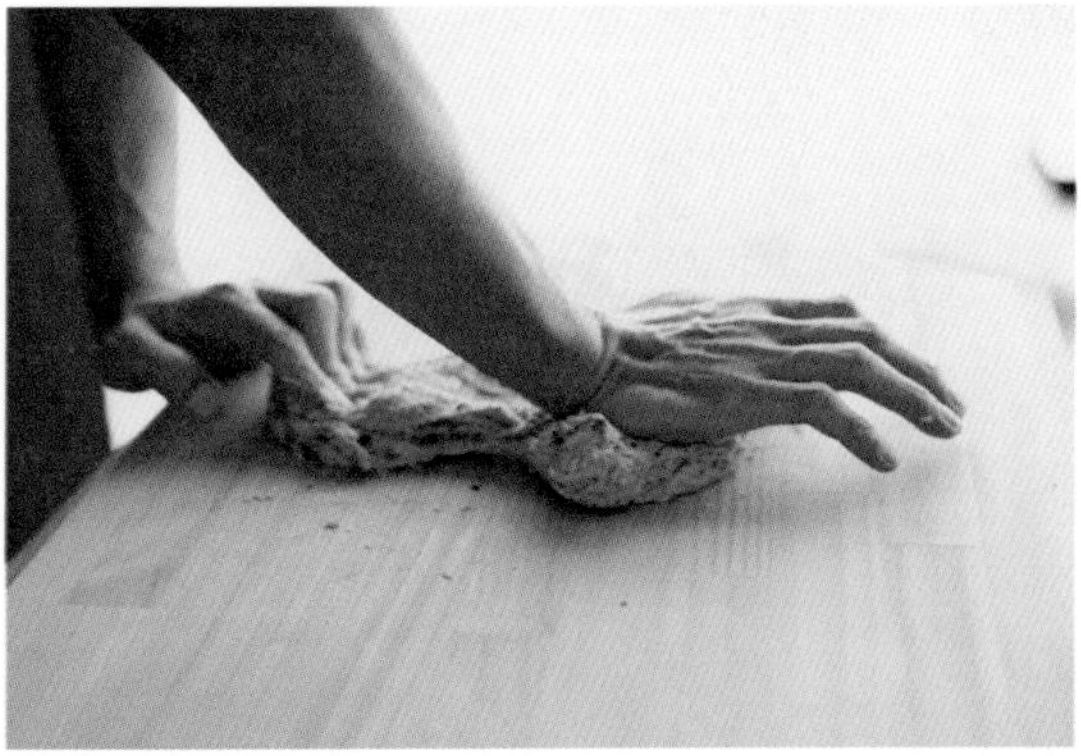

2

ある程度固まったらコネ台に出し、10分ほどコネる

手前から奥に向かって、まとまりが良くなるまでコネる。

3

生地表面がつるっとしてきたらバターを入れコネる

バターを入れると生地が少しゆるくなるが、2と同じくらいまとまりが良くなるまでコネる。

4

生地を叩き形を整える

生地をコネ台に叩きつけ、生地のまわりをなでながら形を整える。

5

一次発酵する

生地が２倍の大きさになるまで発酵させる。
※室温25℃で１時間くらいが目安。オーブンの発酵機能を使うと発酵が進みやすい

6

6等分に切り分け、軽く丸めてベンチタイム

６等分に切り分ける。大きさはきちんと量るのがコツ。切った後は生地が収縮するので10分間休ませる。

7

クリームチーズとドライブルーベリーを包む

10分間休ませた6の生地をガス抜きして平たくし、クリームチーズとドライブルーベリーを生地の中央にのせ、外側の生地をのばして包む。

8

二次発酵する

7の生地にパンマットか、水で濡らして固く絞ったふきんを掛けて30分二次発酵する。

9

150℃のオーブンで15分焼く

強力粉（分量外）をふりかけて、予熱150℃のオーブンで15分焼く。

Chapter 1 04 LIVING WITH COFFEE

休日の15時は、甘さ控えめなおやつの時間

休日の午前中は、掃除や洗濯などの家事をしたりジムに行って身体を動かしたりすることが多いので、15時くらいになるとちょうど甘いものが欲しくなります。午後のおやつの時間です。

私が作るスイーツは、甘いものというよりは、お腹が膨れるようなスコーンやビスコッティを作ることが多いです。我ながら男っぽい発想力です。

手軽に作れるレモンカード

私自身、手の込んだものにはハードルを感じるし、ＹｏｕＴｕｂｅで動画を見てく

れている人のためにも、できるだけ簡単に作れるものを紹介したいなと思っています。スコーンやパンケーキなどに合わせるレモンカードやミルクジャムは、10分で作れるし味も簡単に変えられておすすめ。あえて酸味を残したり、バランスを変えられるのは、自分で作るからこそ。
私もスーパーでジャムを買うことはままあるのですが、自分で作ってみるのは、それとは違う良さがあるんですよね。お店では出会えない味が、意外と簡単に作れるんですよ。

スコーン

シンプルな味だからこそ、メープルシロップやミルクジャムなど、いろんな味と一緒に楽しめるのがスコーンの良いところ。15時のおやつタイムをわがままに過ごしてみると、すごく贅沢な気分になります。

材料　約8個分

薄力粉	130g
強力粉	70g（全粒粉でも◎）
砂糖	20g
ベーキングパウダー	7g
塩	ひとつまみ
バター	40g
卵	M1個（生地用40g、ツヤ出し用10g程度に分ける）
牛乳	75g

焼成時間（予熱あり）　200℃のオーブンで14分

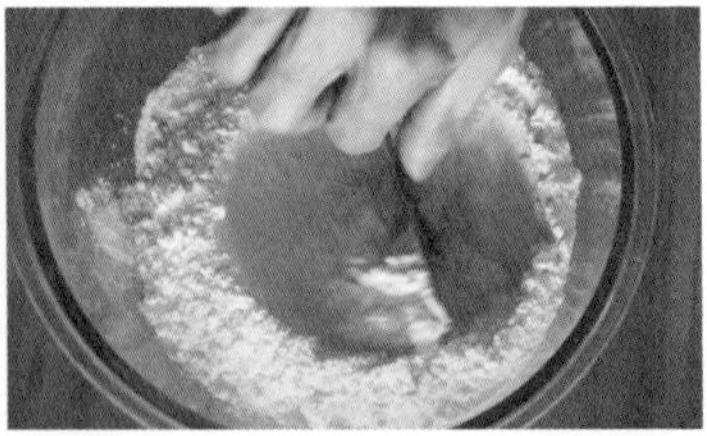

1　粉類をすべて混ぜ合わせる

薄力粉、強力粉、砂糖、ベーキングパウダー、塩をボウルに入れてよく混ぜる。※強力粉を全粒粉に替えると、香ばしい味わいに

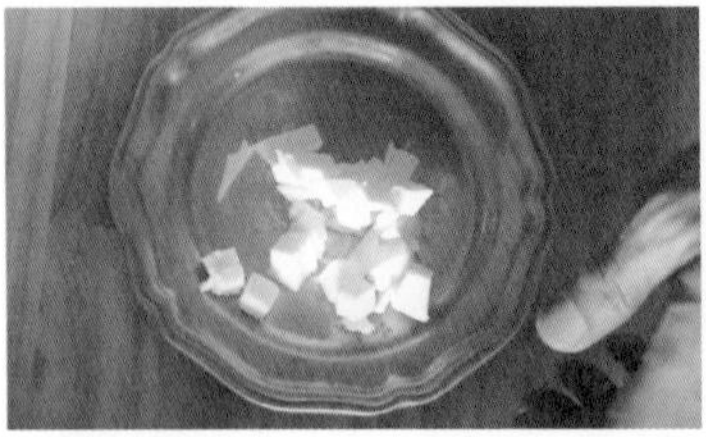

2　バターをざく切りにして投入

冷やしておいたバターをスケッパーでざっくりカットし、1の粉のボウルの中へ。

3 バターを細かく刻みながら粉と混ぜる

バターの塊を細かく刻むようなイメージで、粉と混ぜ合わせていく。目指すのは、切り刻んだバターが小さい塊で残っている状態。

4 卵と牛乳をボウルに投入

粉とは別のボウルで卵を溶き、40g分と牛乳を加えてよく混ぜる（溶き卵の残りはツヤ出し用に分けておく）。合わせ液を粉のボウルへ投入する。

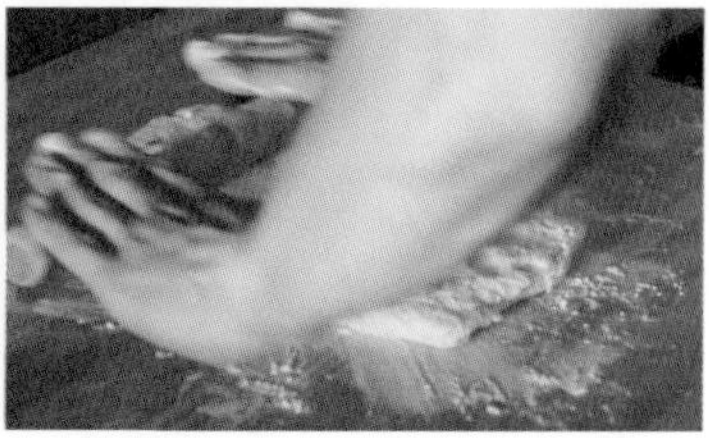

5 打ち粉をした台で生地をまとめる

生地がある程度まとまったら、打ち粉（分量外）をした台の上に生地を移す。生地を麺棒でのばして三つ折り、という工程を2回繰り返す。生地がべたつくようならさらに打ち粉を。練り上げるのではなく、生地をざっくりとまとめていくのがコツ。

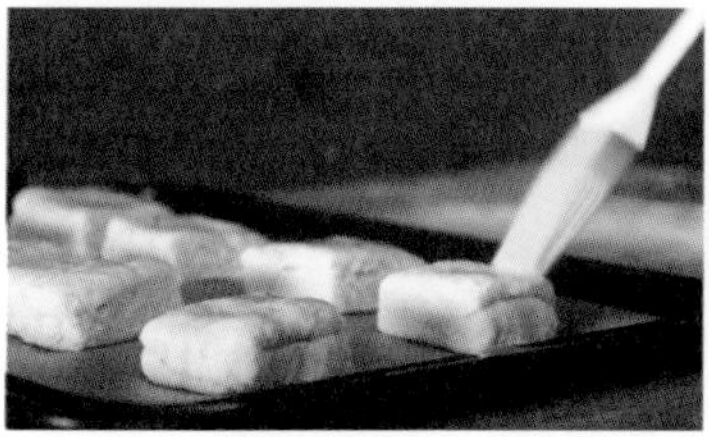

6 生地をカットし、溶き卵を塗る

食べやすいサイズに生地をカットし、上面にツヤ出し用の溶き卵を塗る。

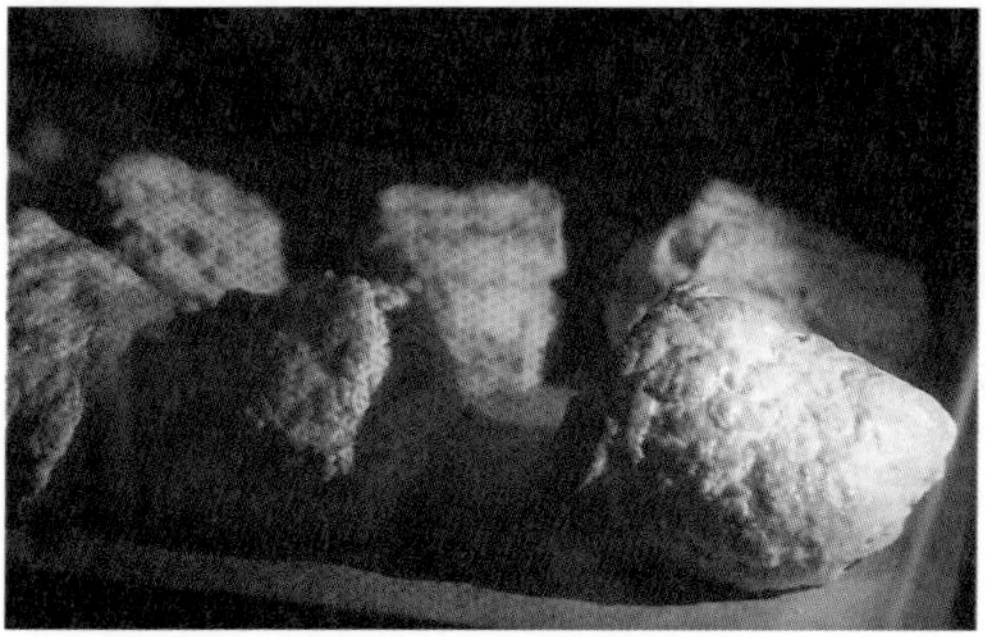

7 200℃で予熱したオーブンで14分焼く

200℃に予熱しておいたオーブンで14分焼いたら完成。

ビスコッティ

小腹を満たすために、ナッツやドライフルーツなどを入れて作ることが多いです。歯ごたえがある素朴なお菓子ですが、コーヒーとの相性が素晴らしく、いつの間にか２本、３本と手が伸びている私のお気に入りです。

材料　約16本分

薄力粉	100g
きび糖	25g
卵	1個
オリーブオイル	大さじ1
アーモンド	60g
チョコチップ（焼き菓子用）	30g

焼成時間（予熱あり）　180℃のオーブンで15分／160℃で20分

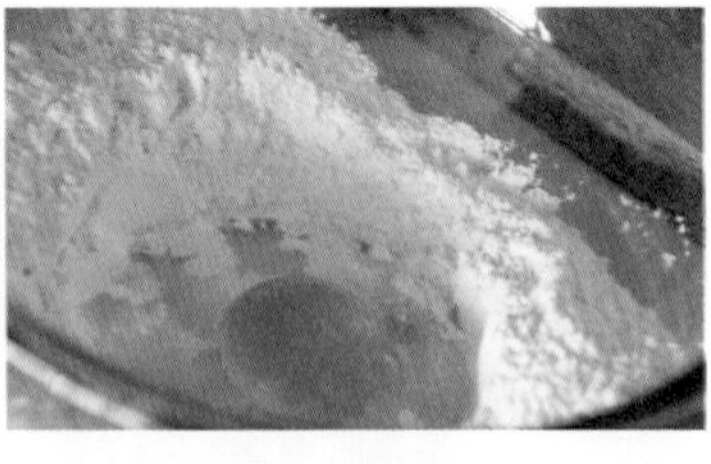

1 生地の材料を混ぜ合わせる

ボウルで薄力粉ときび糖を混ぜ、卵、オリーブオイルを入れてさらに混ぜる。

2 刻んだアーモンドとチョコチップを投入

包丁で刻んだアーモンドとチョコチップを生地の中に入れてよく混ぜる。アーモンドの細かさはお好みで。

3

手を水で濡らして生地を成形

クッキングシートの上に生地を置き、水をつけた手で生地の形を整えていく。

4

180℃のオーブンで15分焼いてからカット

予熱180℃のオーブンで15分焼き、一度オーブンから取り出して生地をスティック状にカット。

5

断面を上にした状態でもう一度焼いて完成

カットした生地の断面が上側になるように並べ替え、もう一度160℃のオーブンで20分ほど焼いたら完成。

ビスコッティは材料を全部混ぜて焼くだけ。簡単なのに味は絶品

ひとつ、もうひとつ。手が止まらない……

LIVING WITH COFFEE
Chapter 1
05
LIVING WITH COFFEE

毎日の食事が身体と精神を作り上げる

私は残りの一生のうち、あと何回パンを焼いて、コーヒーを淹れて、妻と食卓を囲めるのだろう。ふとそんなことを考えます。乱暴な言い方だけど、20代の頃はお腹が膨れればそれだけで幸せでした。でも今は、これから先も健康な身体で妻と食卓を囲みたいという願いがあります。

自分で食事を作るようになって思うのは、「手間をかけた食事は丸飲みにはしない」ということ。彩りも考えて作った食事は、目で楽しもうと思うし、よく噛んで味わいたいからおのずとゆっくり食べるようになります。そう思うと、食に興味を持つ一番の方法は、自分で作って食べるという当たり前なことなのかもしれません。

どうせ食べるなら楽しく食べたい。どうせ作るなら美味しく作りたい。そんな気持ちが料理をしていると湧いてきます。

朝は一杯のプロテインから

私は朝起きてすぐにプロテインを飲んでいます。目覚めのコーヒーならぬプロテイン。その後にしっかりと朝食も取ります。マッチョ専用の怪しい粉、と思う人もいるかもしれませんがそんなことはありません。不足しがちなタンパク質が手軽に摂れるので、食の細い女性にもおすすめです。

飲みにくいから苦手という方には、プロテインに冷凍フルーツと牛乳を入れてミキサーで混ぜるのがおすすめ。5分もかからずにプロテインスムージーの完成です。フルーティーな味だと一気に飲みやすくなるので、飲みすぎに注意（笑）。

いろいろと試したくなり、野菜を入れてみることもあります。たまに組み合わせを間違えて、未知の味と出会うこともあるけど、それはそれで面白いです。

ブルーベリーはパンだけでなくプロテインに入れても絶品！

毎朝この一杯を飲むと、なんだか身体が元気になります。「これから動くぞ！」という気持ちが湧いてきて、休日もダラダラしないで活動できるような気がします。

ご飯は自己流ブレンドの雑穀米

私たちが食事の中で一番口にするものって、きっとお米ですよね（私の場合は小麦かもしれない……）。

雑穀米が流行った時期に、私たちも食事に取り入れてみました。食感が面白く、何より美味しかったので、それからずっと続けています。

今は島で購入する黒紫米やもちきび、もち麦、粟などを好きなようにブレンドして、オリジナルの雑穀米を作っています。お米に混ぜて炊くだけで、モチモチした食感や、プチプチとした歯ごたえを感じられて、食事が楽しくなります。

今までは意識していなかったのですが、食感があることで、よく噛んで食べるようになりました。なんとなく食べて、なんとなく消化してたんだなって思うと、ちょっ

雑穀のブレンドや食感を変える楽しさは、コーヒー豆選びと通じるかも

ともったいない……。こんなにお米が美味しいと思える機会を、今まで気づかずに生きてきたなんて！

石垣島は気温と湿度が高いので、玄米を浸水させておくと、常温でも割と短時間で発芽します。まさに自然の発芽玄米です。ピョコンと飛び出した芽を見ていると、「玄米も生きているんだなぁ」としみじみ感じてみたり。命を身近に感じると、「ありがとう」の気持ちで満たされて、食にちゃんと向き合おうと思えます。

色彩豊かな常備菜ストックが、食卓の助け

朝ごはんの付け合わせや、ちょっとしたおかずになるので、常備菜のストックは欠かせません。冷蔵庫には茹でたブロッコリーやきのこのマリネ、野菜のピクルス、カレー味の肉そぼろ、ドライトマトのオリーブ漬け、ぬか漬けなどが入っています。

石垣島には、そのままにしておくのはもったいないくらいの太陽の光と熱がありま

す。何かできないかなと考えて、ある日ミニトマトを天日干しすることにしました。丸2日間、じっくりとうまみを凝縮したミニトマトはドライトマトへと変身。庭で採れたバジルと一緒にオリーブオイルに漬ければ完成です。初めて作ってから、すっかりレギュラーメンバーの仲間入り。サラダの上にオリーブオイルごとかけても良し、ドライトマトとバジルを、自家製パンの上にのせても良し。万能の常備菜です。

一からバランスの取れた朝ごはんを作ろうと思うとなかなか大変です。でも、手の空いたときに常備菜を作り置きしておくだけで、朝ごはんの準備がぐんと楽になります。パンを焼いて、常備菜を並べるだけで朝ごはんが完成!

どうしても朝食の時間がないときには、オートミールで済ませることも。私が愛用しているのはクエーカーオーツのオートミール。風味が強くなく素材の味が感じられることと、食感がしっかりしているので、食事感がアップします。

毎日は頑張らなくていい。自分がやりたいときや、余力のあるときに作ってみる。家事を息抜きの時間にできると、常備菜は自然に増えていくかもしれません。

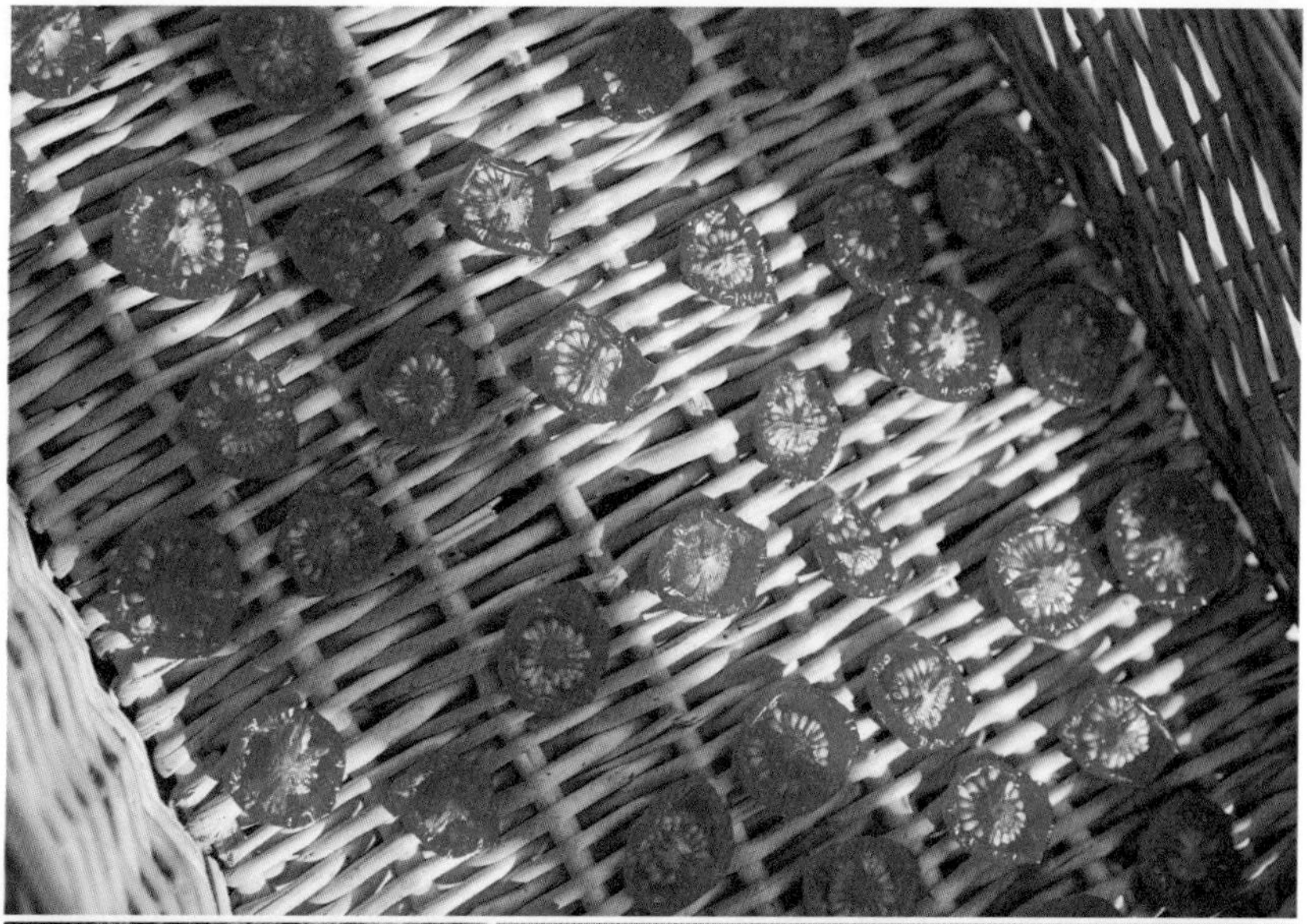

上:天日干ししてドライトマトに　下:左から茹でブロッコリー、きのこのマリネ、カレー味の肉そぼろ。素材を味わうシンプルなものばかり

朝食は私の担当。妻よりも早く起きるので、いつの間にか習慣に

朝できたてのパンが食べたくて、前の晩に準備することも

LIVING WITH COFFEE

Chapter

2

LIVING WITH COFFEE

暮らす

ということ

LIVING WITH COFFEE Chapter 2 06

開放感のある家で快適に過ごす

家を建てたのは、沖縄に来て5年目の33歳頃。注文住宅なので自分たちの暮らしやすさを反映できるということもあり、間取りに関してはじっくり考えました。私たちが家に求めたのは、広いスペースを気持ちよく使うことでした。

ものはスペースという財産を奪っていく

妻は、東京に住んでいた頃、7畳一間のマンションに暮らしていました。当時は今よりもものがあふれていて、自由に使えるスペースが約1畳分しかない状態……自分が蒔《ま》いた種とはいえ、不満だったそう。ものが少なければもっと快適に過ごせるはず、と感じることが多かったようです。私はといえば、もののあふれた家に育ったせいか、ものが少ないことの心地よさすら分からない状態でした。「スペースは財産なんだ」、ふたりで暮らす中で、そんな感覚が徐々に芽生えていきました。

どんなに大きな家を建てても、ものの圧迫感で息苦しさを感じたら意味がありません。家自体はそんなに大きくなくても、そのサイズに見合ったものを置き、スペースを広く使う。そうすることで心地よさを手に入れたいという思いから、現在の間取りが生まれました。

家の中に収納スペースをたくさん作ると、一見片付きそうな気がしてしまいますが、収納場所を確保するための壁が増え、全体のスペースは狭くなってしまいます。私たちは空間を広く使うために、収納場所をほとんど作りませんでした。あるのは、3畳くらいのウォークインクローゼットのみ。そこに収まらないなら、ものを減らすしかない状態にすることで、私たちは快適な空間を手に入れました。

仕切りがないことも空間を広く使える理由のひとつです。取り外しできる引き戸が部屋ごとにあるものの、部屋を区切ることはほとんどありません。玄関から寝室までドアがひとつもないので、風通しも良く部屋全体を見渡すことができます。

家族がいてもひとりでいられる場所を作る、というのも家を建てるときに考える人は多いと思います。ですが私たちの場合は、お互いの気配が感じられる居心地の良い空間を作る、という大前提があったので、特にひとりになるための部屋は作りませんでした。

食器棚を取り外して気づいたこと

もともと、キッチンには大きな食器棚を置いていましたが、狭いスペースを圧迫しているのが気になりました。思い切って棚の上部を取り外してみると、スッキリした空間になり、キッチンも明るくなりました。

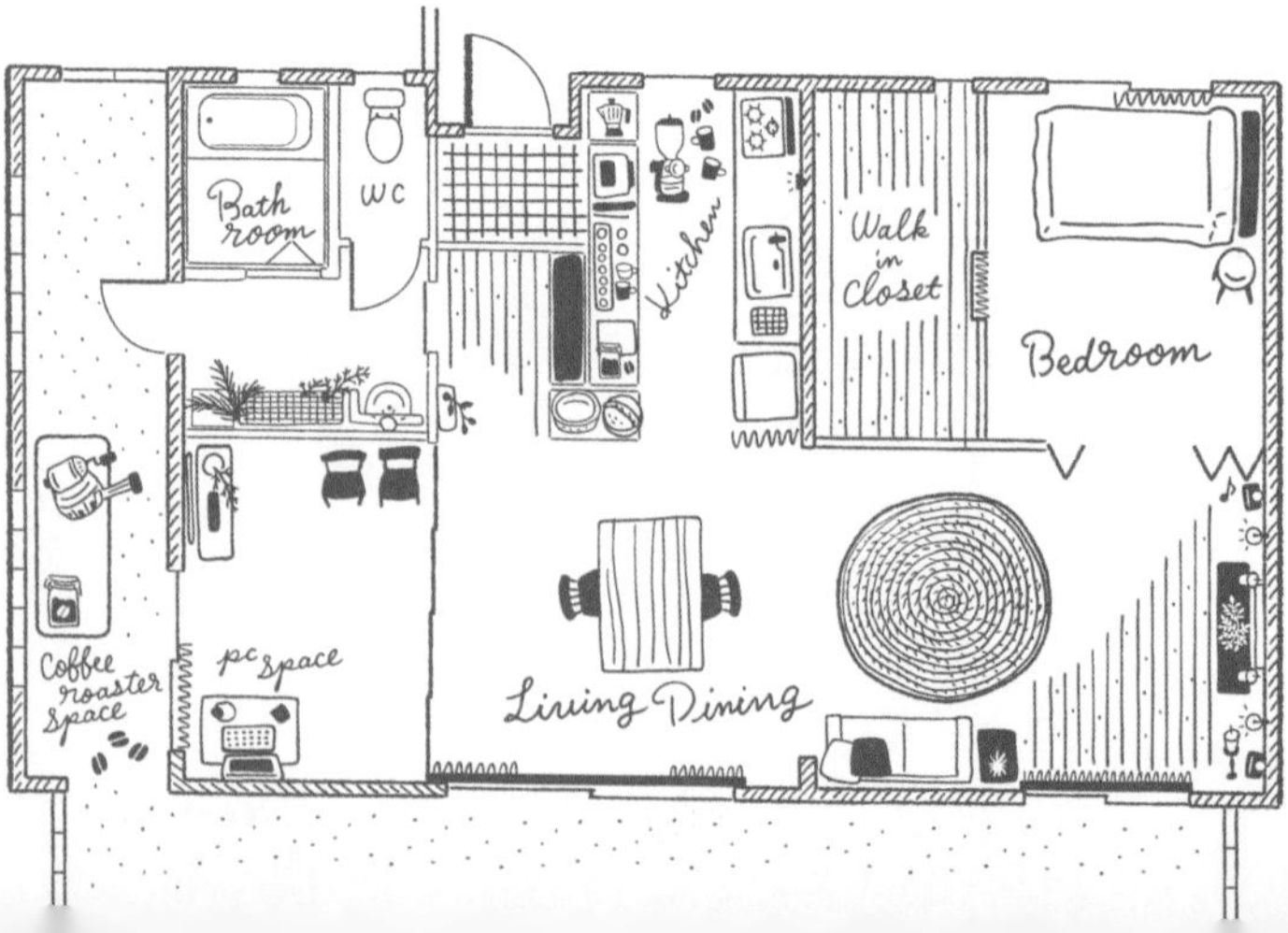

生活してみて困ったらまた元に戻せばいいや、という気軽な気持ちで取り外したのですが、今のところ不都合はありません。

取り外した食器棚は、ＰＣ作業をする部屋に書棚として活用。キッチンの収納スペースは少なくなりましたが、気に入っている食器だけを厳選することで、しまい込んで使われない食器たちは姿を消しました。

たくさんの食器から何を使うか悩む時間もそれはそれで良いですが、お気に入りの食器だけなら、どれを使ってもしっくりきます。死蔵せず、全部きちんと使えている満足感もあります。

ものを持っているときは意外に気がつきませんが、必要だと思って買ったものも一度手放してみると「本当は必要なかったのだな」と思えるきっかけになります。なかったらないなりに生活できる。ないと生活できないものなんて、そう多くはないのかもしれません。

ある日、テレビが壊れて映らなくなりました。家電は処分が大変で、買い替えも面倒。そのまましばらくテレビのない生活をしてみると、まったく問題がないのです。

それどころか、波の音や鳥のさえずりに耳を傾ける余裕ができ、夜はパンを焼いたりと充実した時間を過ごせるようになりました。ニュースや天気などの必要な情報はインターネットで十分。テレビのない暮らしは15年になりますが、今後も買うことはないでしょう。

キッチンまわりでは、家を建てたときに備え付けたレンジフードも古くなってきたタイミングで取り払いました。食器棚と同じで、なくなってみると視界は広々、かなり空間がスッキリしました。何の疑問もなく取り付けた大きなレンジフードでしたが、実は小さな換気扇ひとつで十分だということも、外してみて初めて分かったことです。

もともと備え付けてあるものを外してみようとは、なかなか思わないかもしれませんん(しかも大物……)。ですが、自分たちのライフスタイルに何が必要なのかを丁寧に考えていくと、不要なものはいくつも浮かんできます。「レンジフードを新調しよう」ではなく「大きなレンジフードは必要なのか?」という問いかけが、快適な空間を運んできてくれました。こうして、本当に必要なものを見極め、選び取っていくこ

愛用しているものだけに囲まれた、見せる収納

とで、より自分らしい暮らし方が手に入るのだと思います。
試行錯誤の末、新しく作ったスペースもあります。それは手作りの調味料棚。よく使う調味料はすぐに使えるようにそのまま棚に置いています。入れ物のラベルを外すだけで統一感も生まれ、生活感も薄れていきます。
お米やコーヒーを淹れるための道具も出しっぱなしですが、キッチンが広くなった分、見せる収納が可能になりました。

ＤＩＹで完成した作業スペース。奇跡的にシンクと高さがそろった！

洋服や靴は、生活に必要な分だけ

石垣島という少し特殊な環境に暮らしているということもあり、洋服や靴はそれほど持たずに生活できています。というのも、1年の半分は半袖のTシャツとサンダルで過ごせるくらい気温の差がないのです。冬でさえ、着込まないといけない日は数日だけ。そのおかげで、洋服は20着もありません。

靴もサンダル一足と運動靴、革靴があれば暮らしていけます。妻もブーツが2足とサンダルのみ。なので、大きな靴箱には掃除用具やDIY用のペンキ、工具のほうが場所を取っているくらいです。

妻は東京に住んでいたときのことを振り返って「常に自分には何かが足りない気がしていた」と話します。街へ出れば、素敵な洋服を着こなしている人がたくさんいて、負けないように自分も流行の洋服を買ってはみるものの、すぐに流行が移り変わる……ものが増えれば豊かになると思っていた妻は、ものによって心が疲弊してしまい

ました。
　情報にあふれ、流行を優先する世界の中で生きていると、本当に自分が欲しいものが何かが分からなくなってしまうときがあります。流行というものさしで測られ、自分を見失い、それでも必死でついていく……いずれ大事なものが何か、分からなくなるのです。
今ではふたりとも洋服にはお金はかけませんが、その分ジムやトレーニンググッズなど、身体作りに投資していま す。ファッションはイケてなくても、安い服でも着こなせれば、心は前向きでいられます（笑）。

Chapter 2
07
LIVING WITH COFFEE

インテリア選びは、少しのルールと好きな気持ちで

前にも触れたように、私たちは家のスペースを広く保つことを意識しています。ですが、家具をまったく置いていないわけではありません。それらを配置しつつも、空間を広く感じられるような選び方を意識しています。

専門的なことは分かりませんが、私たちなりに気をつけていることをご紹介します。

家のテイストを守る3箇条

①色調を3種類に統一する

家の中に色があふれていると、空間の統一感が薄れてしまうように感じます。テイ

ストの違うものを配置しても、色味が同じなだけで部屋全体のまとまりが良くなるのです。

特に、チェストやダイニングテーブルなど、スペースを大きく取る家具は統一感がなくなると浮いて見えてしまいます。まずは大きな家具の色味を合わせてみるだけでもいいのかもしれません。

色が似ていると言っても、ブラウン系統にもたくさんの色があります。色調の濃いウォールナットを選ぶのか、薄めのオークを選ぶのかによっても印象に差が出ます。

その上で、部屋全体の色味を3種類以内に絞っていきます。私たちが取り外したキッチンの食器棚、現在はワークスペースで本棚として使っていますが、圧迫感をなくすために、壁と同色の「白」に塗り替えました。

気に入ったインテリアを見つけても、部屋のテイストに合った色がない、ということもありますよね。そんなときは色が違うから……と諦めるのではなく、自分の好みに塗ってしまえ！ というスタンスです。自分が好きなインテリアも、部屋の統一感も諦めません（笑）。

色を塗り替えればいいなんて、そんな簡単なことじゃない……と怒られそうですが、やってみるとそんなに難しいことはありませんよ。私も、まったくの初心者で塗装の技術も方法も分からないところから始めました。

上手に塗れなかったり、失敗したなと思ったりすることもありますが、ひと手間かけただけでオンリーワンの価値が生まれ、深い愛着が湧くものです。たまに、失敗したところを妻と眺めながら「ここは失敗したところだね！」と笑い合う時間も手に入る。ＤＩＹは思い出作りにもなります。

②壁や床がものに覆われないようにする

これを意識するだけで、家のスペースは広く見えるようになります。壁や床にたくさんものを置いてしまうと、整理はされていても窮屈に感じます。「まだスペースがあるから好きなものを置こう」と考えるのではなく、「自分が好きなものが映えるように余白を作ろう」と考えてみるといいかもしれません。

お気に入りのインテリアだとしても、たくさんある状態だと、メリハリがないので結局どれも目立たなくなってしまうんですよね。私のお気に入りはどこ？　どれ？という状態に。

家の中に余白を作ってみると目立つものが絞られるので、インテリアが映えるようになります。目立つように派手なものを置くというより、目立たせるために引き算をしていくほうが部屋全体のテイストは合ってくるはずです。

壁面に棚を作るときには、背板のない棚にすることを意識しています。背板があるほうが安定するし、ものが落ちる心配もないと思いますが、それよりも開放感のある空間作りを大切にしています。

③家具の背丈は極力低くする

目線よりも高い位置にインテリアがあると、存在感が強すぎてもはや壁のように感じてしまいませんか？　収納面では大きな家具に負けますが、居心地の良い空間を作るなら、インテリアを低めに配置することがおすすめです。

また、気分転換に模様替えをしたいと思ったときにも背の低い家具なら簡単に動かすことができます。大がかりな配置替えは体力的に負担です。模様替えは気分をリフレッシュする清涼剤のようなもの。思い立ったときにサッと動かせる状態にしておきたいんです。

インテリアは配置したら終わりではつまらない。気分に合わせて変えていくことで、何倍も楽しむことができます。

家具やものの大規模な配置換えは、年末の大掃除のときに

長く使うことを意識して、ゆっくり買う

引っ越しや新居購入のタイミングでインテリアを一新する人は多いと思います。すぐに暮らしを整えたいという気持ちが勝ると、「とりあえずこれでいいや」と急場しのぎの家具を買ってしまうことも多いのではないでしょうか。しかし、このやり方をしてしまうと統一感が生まれないどころか、もの選びの基準まで見失ってしまいます……。

どうせ買うなら本当に気に入ったものを長く大切に使いたい。そう思っていたので、アパート暮らしのときも、適当に家具を買い求めることはありませんでした。

一からの家具選び、お気に入りを見つけるのは時間がかかりますが、その分出会えたときの喜びは大きいです。

沖縄には「ファニチャーストリート」「家具屋通り」と呼ばれる、アメリカのアンティーク・ヴィンテージショップが並ぶエリアがあります。そこで見つけた米軍ハウ

スの食器棚は、無駄のないベーシックなデザイン、どっしりとした武骨さが魅力です。使い勝手が良く、とにかく丈夫。この上でパンをコネても、叩いてもビクともしません。

ヴィンテージといっても、デザイナー家具のような気取りがなく、陰で使い手の暮らしをしっかり支える、縁の下の力持ちのような（笑）。そんな存在もなんだかいいなぁって思いました。

食器棚は上下が分離でき、切り離すと本棚にもなるという優れものでしたが、買った当時は分けて使うことは考えていませんでした。キッチンのＤＩＹのページでも書きましたが、結果的には切り離して本棚として活用しているので、いろいろな使い方ができるものを選んで良かったと思います。

リビングにある木目のチェストは、結婚20周年のタイミングで記念に購入したフランスのアンティーク品。妻がひと目で気に入ったものです。これはネットで注文したのですが、質感や他のインテリアとの統一感もバッチリでした。

沖縄では、台風やシロアリ被害を避けるために鉄筋コンクリート住宅が主流です。

さらに私たちの家は内壁を打ちっぱなしにしたので、どこか冷たい印象になってしまいました。そのためナチュラルな色合いで、自然の素材を活かしたインテリアを取り入れるようにしています。木材の自然な色味は温かさをプラスしてくれました。

小さなインテリアにこそ遊び心とこだわりを

チェストなどの大きな家具以外のインテリアも、色合いを意識しながら好きなものを選ぶのは変わりません。ただ、ベーシックな形を少し離れて、遊び心を取り入れている点が、大きなインテリアを選ぶときと違うところ。

大きなものはシンプルに、遊び心は小さなものに。気分で位置を変えたり、ニューフェイスと入れ替えたりするのも簡単です。細部にちらっと個性が光る、そんな部屋作りを楽しんでいます。

例えば、リビングにあるレトロな船舶時計。デジタル時計は確かに見やすいですが、アナログ時計にしかない味のある雰囲気が気に入っています。

ほかにも、寝室にある古いライトは、持ち手の付いた撮影用の照明をペンダントライトに流用しています。リビングにあるデスクライトは30年ほど前に購入したものですが、あるときからサビが目立つようになり、今ではかさの部分全体がサビに覆われています。そんな姿もまたいい。経年劣化ならぬ、経年進化したと思っています。

もともとのきれいな姿を知っていると、サビてしまったときに、「汚くなった」と感じる人もいるかもしれません。しかし、年を重ねるごとにまったく別の魅力が生まれてくると思えば、汚れではなくひとつの味わいになります。それは、人間も同じです。年をとって、若い人には敵《かな》わない部分もあるけど、若い頃にはなかった考え方ができるようになり、それが人間としての味わいになっていく。

こうして改めて家具を見ていくと、適当に買ったもの、急場しのぎで買ったものはありませんでした。時間こそかかりましたが、徐々に自分たちの好きな空間に近づいていく過程は楽しいものでした。

人は手軽で分かりやすい変化を好みがちです。ライフスタイルやインテリア、流行

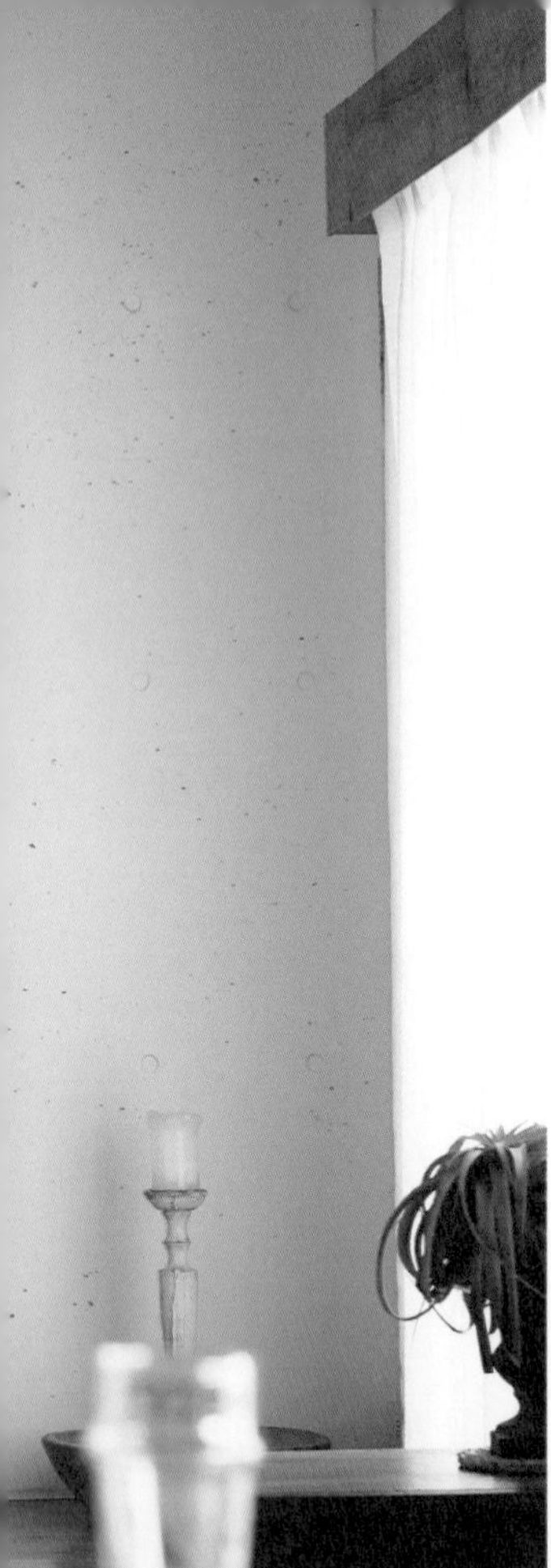

りのものをさっと取り入れて簡単に雰囲気を変える、それもひとつの楽しみ。でも、ひとつの道具とともに年を重ねていくのも、とても味わい深いものです。

LIVING WITH COFFEE
Chapter 2
08

ものを「育てる」ことで心がときめく

ものを選ぶときに大事にしているのが、「育てる」ということです。使い込むと劣化していくものと、さらに魅力が増すものがあります。そこで時を重ねることで魅力がグンと上がる、そんな素材を選ぶようにしています。アンティークの家具やインテリアに魅力を感じるのも、そういう理由からだと思います。

沖縄には、やちむんと呼ばれる陶器があるのですが、土からできていてとても温かみがあります。使い込んでいくと、色味が落ち着いてきて深みが出てくるのです。すべて手作りなので、形も色もこの世でたったひとつ。機械では表現できないような繊細な形に、心が惹かれます。

ものを手放すことで生まれる縁もある

あるとき、長年気に入っていたやちむんのコーヒーカップのフチが欠けてしまって、とても切ない気持ちになりました。それと同時に、もし新しいやちむんを家に迎える機会があるなら、次は自分の手で作ってみたい、という気持ちが湧いてきたんです。長い歳月の中で、自分だけの質感や色を育てていけたらどんなに素敵だろう。そう思っていたところにご縁があり、もの作りの会社に協力していただき、自分の「好き」が詰まったオリジナルのカップが生まれました。

何種類かの白を混ぜて作った理想の白。
ほかの器を邪魔しない静かな佇《たたず》まい。
唯一無二のデザイン。

沖縄の作家さんが丁寧に作ってくれたカップで飲むコーヒーは、いつも飲んでいるコーヒーよりも数倍美味しく感じられます。本当に自分の心がときめく道具には、そうそう出会えるものではありません。手に馴染む土の感触や温かさを感じるたびに、人が繋いでくれたこの縁を大切にしたいという気持ちになります。

縁というと、人は出会うことをつい思い描いてしまいますが、長年愛したやちむんとの別れも、私にとっては大切な縁。かつてのコーヒーカップが欠けなかったら、きっと私は自分でやちむんを作ってみたいとは思わなかったでしょう。ものとの縁も人との縁も、大事にしていれば次に繋がる縁になる。そして、その出会いはきっと自分の人生を豊かに彩ってくれるはずです。

人と同じように、手作りの「もの」は一期一会。
ぴったりと手に馴染むカップと出会い、コーヒータイムがより幸せになりました

LIVING WITH COFFEE
Chapter 2
09
LIVING WITH COFFEE

生活に合わせたＤＩＹ

新築当時、私たちの家には大きなソファがありました。しかし、これがまったく機能しませんでした。

多くのご家庭でもあることだと思いますが、ソファを背もたれにして床に座ってしまい椅子としての機能を果たさず、床のほうがリラックスできることが分かったのです。それに加え、ソファは思っていたよりも場所を取り、圧迫感が強かった。

自分たちの生活に合わないというのを知るのも大切なこと。ソファを置いてみるまでは分かりませんでした。

ソファを捨て、小上がりスペースを手作り

しばらくはソファなしで生活していましたが、ちょっとした寛ぎスペースが欲しくなり、小上がりを作ることにしました。買わずに自作したのには理由があります。自分で作れば、その後小上がりが不要になったとしても、気軽に解体して別のものに再利用できると思ったからです。もう、ものを無駄にしたくない。そんな気持ちの表れでした。

正直、小上がりを作るのには苦労しました（笑）。ホームセンターでホワイトウッドを大量に仕入れ、「こんな形にしたい！」と思うものを簡単にデザインして作業に入ったのですが、作っていくと頭の中で描いた理想からどんどん離れていく……。最低限、小上がりとしての体裁は保っていたものの、形になったのは頭の中で描いた理想とは程遠い出来でした。「こんなはずじゃなかった……」と思わずにはいられませんでした。

その後、木材を足したり引いたりを繰り返し、やっとしっくりくる形を見つけることができました。完成した小上がりは、当初デザインしたものよりもずっといい形になり、やっぱり頭だけで考えるのではなくて、試行錯誤することでいいものが生まれるんだなと気づきました。

色を塗るのか、自然の色を活かすのかということでも悩みました。実際にやってみては「違うな」と拭き取ったり、「色が悪かったのか?」とほかの色を検討したり……。ただ購入しただけでは起こりえない課題に次々と取り組まなければなりません。

肝心の使い心地はというと……控えめに言って最高! 妻とたわいのない会話をしたり、本を読んだり、寝転んでみたり、ソファよりも断然私たちの生活にマッチしています。座る位置によって少しきしんだ音がするのはご愛嬌。

誰から見ても完璧なものじゃなくていい。自分が全力を尽くして作り上げた達成感はプライスレスです。

当初、もっと大きなL字型でした。紆余曲折あった末の完成形

風土や気候に合わせた素材の魅力

同じ日本といっても、風土や気候がまったく違います。それぞれの地域で親しまれている農作物は、その土地の環境に合わせて育ち、私たちの暮らしを助けてくれています。

例えば、沖縄を代表する食材のゴーヤーには身体を冷やす効果があり、暑い環境の中でもたくましく育ちます。同じように寒い地域でよく食べられているものは、身体を温める効果があります。本当によくできていますよね。

その効果は農作物だけにとどまりません。沖縄には、月桃《げっとう》と呼ばれる葉の長い植物がたくさん生えていて、初夏になるときれいな白い花を咲かせます。防虫効果があるため庭に植えるご家庭があったり、甘い香りがするのでアロマとして利用する人がいたりと、使い方は様々です。

月桃を乾燥させ、民具を作ることも。私たちも、月桃で作ったラグが欲しいと思っ

ていたのですが、調べてみるとウン十万円もするらしい……！　ですが、出会いはあるものですね。近所に月桃の加工を教えてくれるところがあり、そこで葉の処理や乾燥方法、編み方を一から習って自分で作ることにしたのです。

制作に費やした時間は3ヶ月ほど。足で踏むとひんやりした感触が心地よく、見た目にも涼しげなラグが完成しました。少しへたってきたら、天日干しするとすぐにふっくらします。手入れの手間もかかりません。

リメイクで変化を楽しむ

家のすぐそばが海なので、海岸へ散歩に行くとビン玉（漁網を浮かせたり目印に使ったりする漁具）や流木など様々な漂流物が流れ着きます。あるときは、船舶用の縄ばしごを見つけたことも。それを白く塗装して、洗面台の棚として使っています。もともと、はしごとして使っていたくらいなので、耐久性には問題ありません。

流木の一番の魅力は、人工的には作り出せない滑らかな木肌。二つとして同じものはないので、インテリアのアクセントにも個性的なオブジェにもなります。ほかにも、サンゴや貝がらなど、海岸で散歩をしたときに気に入ったものを集めては、飾ったりしています。その姿は宝探しに行く子どものように見えるかもしれません（笑）。

簡単なリメイクはほかにもあります。靴箱の扉を白く塗装して、取っ手を替えてみたり、下の部分に銅板を付けたりもしています。キッチンの壁ももともとはレンガ色でしたが、今は白く塗っています。取っ手を替えるだけでも、扉の印象はガラリと変わります。色を塗り替えるのはハードルが高いという人は、ここから始めてみるのもいいと思います。

リビングにある小さな鏡台は、薬剤でエイジング加工をすることで使い込んだ質感を出しています。風合いを変えるだけで、ほかのアンティークインテリアとも統一感が出るようになりました。

部屋が広く見えるように白く塗装することが多いですが、それすらも気分次第。これから、違う色にしたいと思うことがあるかもしれないし、絶対に白じゃないと嫌だというわけではありません。柔軟にそのときどんな家に住みたいかで変えていくのも、楽しみのひとつです。

アンティークの質感を出した鏡台

上:縄ばしごをリメイクした棚
右下:高さのある靴箱は白に塗り替え、明るい印象の玄関に
左下:思い立って小さな棚をＤＩＹ

心癒されるガーデニングは忍耐力も育む

子育てが落ち着いた頃から、妻がガーデニングを始めました。私もその手伝いをするうちにどんどんとハマっていきました。ですが、台風が多い沖縄でガーデニングをするというのはなかなか難易度が高いのも事実。1年に何度も訪れる台風は、私たちが丹精込めて育てた植物だろうがおかまいなしにその命を奪っていきます。

何度「また一からやり直しだ」となったか分かりません。そのたびにガーデニングをやめようと思いました。きれいな花を咲かせる一歩手前で枯れていく姿を見ると、自分のしていることが急に意味のないことのように思えてしまいます。

ただそう思うけれど、ダメージを受けながらも懸命に再生しようとしている植物を見ていると、私も頑張ろうという気持ちになります。

結局、私は今でもガーデニングを続けています。花が咲いても咲かなくてもそれはどちらでもいい。ただ、毎日少しずつ成長していく植物を見られるだけで私は満足だということに気がついたのです。花が咲くのは結果であって、私は過程を楽しみたい。結果だけを求めるならきれいな花が専門店にいくらでも売っています。

庭も自由にDIY

ガーデニングを始めてから、庭も自分好みに変えてみようと思い、レンガを積み上げて花壇を作りました。水平器を片手に、レンガとセメントを交互にのせていくだけのシンプルな作りですが、初めて作ったにしては上手にできたと思います。

ローズマリーやミントなどは、天候に左右されずに育つので料理に使うこともしばしば。植えているだけで、いつの間にか収穫できる状態になっているので、初めてガーデニングをするならハーブ系がおすすめです。

簡易的なパラソルと椅子を設置して、ガーデニングの途中にちょっと一息いれられるようにもしました。ガーデニングはかがんで作業をすることが多いので、熱中していると身体に無理な負荷がかかってしまいます。好きなことを長く続けるために、適度に休憩をはさむのも忘れてはいけません。

グリーンを家の中に取り入れる

庭で育ったグリーンや花を、部屋のあちこちに置くようにしています。目に入る場所にグリーンがあると、心が安らいで穏やかな気持ちを保てます。インテリアも木材を使ったものが多いので、自然のもの同士の相性は抜群です。素人なので、生け方などの細かいことは気にしていません。壁を這《は》わせたり、飲み口の欠けたコーヒーカップを花瓶の代わりにしたり、流木と一緒に飾ってみたり……その時々によってグリーンの見せ方を変えて楽しんでいます。

植物にも人間にも個性がある

庭の手入れは大変ですが、毎日水をあげ水が滴っている植物を見ると、その美しさに心が癒されます。少しずつ成長する様子を見ていると、大切にしたいという気持ちも湧いてきて、日ごとその愛情は大きくなっていきます。

毎日同じようなことをしているようでも植物はきちんと育っています。日常の中にある小さな変化に敏感になると、幸せを実感できる時間は増えていきます。

植物を育てていると、考え方に変化が出てきます。育てるのに手間がかかるものもあれば、放っておいても育つものもあって、同じ植物といえどそれぞれに個性があります。

でも、手間がかかるからダメな植物というわけではなくて、その植物には手をかける時間が必要、というだけなんだと分かる。そこに優劣はなくて、それぞれの違いでしかないことが分かるのです。

何かを育てるとき、愛情を与えることが素晴らしいことのように言われます。ですが、愛情が大きいあまり、肥料を与えすぎて腐ってしまう植物があるように、きっと人間関係もそれぞれ必要な愛情、ちょうどいい関係というのがあるんだと思います。放っておくこともまた愛情なのかもしれないと気づいたのは、ガーデニングを始めたおかげかもしれません。

空気が淀んだら、アロマでリフレッシュ

我が家では、湿気が多い日や気温が高い日にアロマの力を借りています。気分が落ち込んでいるときも、アロマオイルなどの香りでリフレッシュすることがあります。沈んだ気持ちをそのままの状態にして過ごしていると、いらない争いや不機嫌のもとになってしまいます。だから、早い段階でストレスの芽をつんでおきたい。自分も他人も傷つけず、できるだけ穏やかに過ごしたい。それは、私と妻がお互いに気をつけていることです。

すっかりハマってしまった庭作り

石垣の強い日差しを受け、すくすくと育つ

沖縄は、湿度も気温も高いので、快適でない日も多々あります。「今日は天気が悪いから不機嫌でもしょうがない」と思っていたら、おそらく一年の大半を不機嫌に過ごすことになってしまう。

できるだけ涼しく過ごせるように、家の屋根に遮熱塗料を塗るなどの工夫はしていますが、それでもやっぱり暑い。だからアロマをたいて一息つくことが欠かせません。暑い日は、清涼感のあるミント系のアロマ、落ち着きたいときはラベンダーなど、そのときの気分ごとに使い分けています。香りの効果はけっこう大きくて、温度は変わらなくても爽やかなアロマをたいていると、暑さが和らぐような気がします。さらに暑さだけでなく、人間関係も良好にしてくれる。そんな効果もあるんじゃないかなと思います。

Chapter 2
11
LIVING WITH COFFEE

気持ちよく入眠するための空間作り

寝室は身体を休める場所なので、極力ものを置かないように気をつけています。寝る前にたくさんの情報が入ってしまうと、それだけで疲れてしまう。そのため寝室には、ダブルのベッドとタンスがひとつだけしかありません。

7畳の寝室の半分以上がベッドに占拠されていますが、窓をふさがない配置にすることで、風通しを良くしています。また開口部を広くとっているので、視界が抜けて圧迫感がありません。

ただ、子どもと一緒に寝ていた頃は圧迫感ありありでした（笑）。夜中にあちこち蹴られて起きることがありましたが、それも今では懐かしい思い出です。

もともと寝付きの良い私たちですが、心地よい入眠のために意識していることをご紹介します。

照明は暖かい色を選ぶ

私たちの家には、蛍光灯があまりありません。ほとんどがスポットライトなどの間接照明で、眩《まぶ》しさを感じないようにワット数も落としています。

また、家に置いてある照明は、すべて暖色で統一しています。白色の光は、仕事や勉強をするならはかどると思いますが、目が冴えてしまって寝付きが悪くなったり、睡眠が浅くなる。眠りの質を一番に考えた結果です。

日が落ちてから、暖色の光に包まれて夜ごはんを済ませると、自然に眠くなり、寝室に行くとすぐに眠りにつくことができます。眠りの質が悪いと感じている人は、照明を落として身体や脳に「そろそろ眠る時間だ」と認識させてみるといいかもしれません。もちろん、ＰＣやスマホもお休みに……。

静かに夜が更け、幸せな眠りにつく。明日は何をしよう？

肌触りの良いリネンを選ぶ

私たちの住んでいる地域は湿度が高いということもあり、布製品は通気性の良いものでないとすぐに湿気を吸ってカビてしまいます。そんな環境でもサラッとした肌触りを保ってくれるのが麻です。

眠るときに湿気を含んだシーツだと、ジメジメした感じが気持ち悪いですし、寝苦しくなってしまうので、長年シーツや枕カバーには麻素材を愛用しています。

麻は乾きやすく、湿気にも強いので私たちの家では大活躍。ただでさえ、人は眠っている間にコップ1杯分の汗をかくと言われるので、吸水性にも気を配りたいところです。また、麻は繊維が伸びにくいので、汗をかいても身体に張り付くことがなく、快適に眠れます。自分の生活に合わせた素材を選ぶと、それだけで眠りの質はグッと上がります。

朝のベッドメイクは欠かさない

みなさんは、ベッドメイクを毎日していますか？　「どうせ夜寝るときにまたシワになるんだから」と、そのままの状態にしている人も少なくないと思います。面倒くさいですもんね……。

ですが、そんな気持ちをグッと抑え、昼間のうちにベッドメイクするのを心がけています。気持ちよく眠りにつくために！

夜寝るときに、シーツやタオルケットがきれいに整っていると、気持ちよく眠れるものです。毎日たった5分程度ベッドメイクをするだけで、こんなにも気持ちよく眠れるのか、と驚きます。

さらに、朝起きて、ベッドメイクをする習慣を身につけると、二度寝も格段に減り活動的になります。せっかくきれいにしたシーツに、二度寝するのはなかなかの勇気が必要です。一度ベッドから出たのに、また舞い戻ってしまう人はぜひ生活の中に取り入れてみてください。

LIVING WITH COFFEE
Chapter 2
12
LIVING WITH COFFEE

家事に小さな幸せを見つける

家事はお金が発生しないから価値がないとか、つまらないことだと思う人もいるかもしれません（話はずれますが、家事は価値が高く尊い労働だと思うので、こんなふうに考えている人がいたらとても悲しいです）。ですが、私はお金が発生しないからこそ、家事を楽しめている気がします。

仮に、「お金を払うから家事をしてくれ」と言われたら、途端にやる気を失ってしまうでしょう。何事もギブ&テイクを持ち出してしまうと、義務感が生まれ楽しみを見つけられなくなってしまうからです。

物事を自分の意思でするのか、誰かにやらされるのか、同じことをしていても気分には雲泥の差があります。

私たちが家事を楽しんでできているのは、互いに強要しあっていないから。そこに楽しみを見出しているからなんです。

小さな成功体験を積み重ねる

そんなことを言っている私も、昔は家事を作業としか思っていませんでした。なぜ考え方が変わったかというと、座禅や瞑想を通して、集中することの心地よさを体感することができたからです。

何気ない日常のひとつひとつに集中し、丁寧に行う。すると不思議と心が休まり、意欲が湧いてくる。食器を洗い、シンクがきれいになると気持ちいい。洗濯を終えて風に揺れる洗濯物を見ていると小さな達成感で満たされる。家事にポジティブな感情を持てるようになると、「やらなければいけないこと」から「やりたいこと」に変化していきました。

家事は、ひとつひとつにはそんなに時間がかかりません。時間はかからないのに、毎日達成感が得られるのって、すごく満たされます。こうして家事を楽しめるようになると、小さな成功体験が積みあがっていきます。「今日も洗濯した」とか「料理が上手に作れた」など、きっかけは何でもいいんです。どんなに小さなことでも、積み重ねていけば自分に自信が持てるようにもなってきます。

自分の機嫌は、自分で取る

家事をしたら感謝してほしい、と考える人は多いと思います。ですが、私はたとえ家族に何も言ってもらえなくても、さほど気になりません。「なぜ自分が家事をしないといけないのか」と思うと、犠牲的な気持ちになって感謝を求めたくなります。

私にとって家事は、犠牲的な行為ではなく、ひとつの楽しみであり家族への貢献です。そして、「自分は役に立てている」という自信のほうが、人から感謝されるよりはるかにモチベーションになっているのです。

承認欲求という言葉がありますが、私は人からの承認よりも、自分自身の承認を大切にしています。他人の基準で承認されようとすると、自分を曲げてでも、人に好かれようとしてしまいます。そうやって人に認められようと思ううちに、自分という存在が薄くなって、他人がいないと満たされないようになってしまうと思っています。

自分のことを一番近くで見ているのは自分自身です。他人のことは騙《だま》せても自分のことは騙せません。まずは誰かの期待に応えるために、自分に嘘をつくことを少しずつやめてみる。

長い時間をかけて、小さな成功体験を重ねていく。そうすれば、それは揺るぎない自信と承認に繋がります。

Chapter 2
13
LIVING WITH COFFEE

心のハードルを下げる掃除法

もともと、私は掃除が苦手で最初のうちは妻に任せっきりでした。ですが、家事を少しずつ自分でもやるようになって、今では苦手意識が薄くなっています。掃除をする前は「面倒くさい……」と思ってしまいますが、やり始めると楽しくなってくるから不思議なものです。やっているうちに、少しの汚れが気になったり、きれいになると心が軽くなるような気がします。

布類は少なめに。ひとつ買ったらひとつ手放す

私たちの家には、キッチンマットもトイレマットもありません。極力、床にものを

置かないようにしているのは、それをずらして掃除するのが面倒くさいから……というなんとも単純な理由です。

掃除は2日に1度。なるべく簡単に済ませたい！　ただでさえ、始める前は気持ちが下がっているので、できるだけ自分の気持ちが折れないようにとハードルを下げておくのは効果的です。ものが少なくて、マットもないからフローリング掃除用のウェットシートでササッと拭き取るだけできれいになります。

布類を置かないようにするのは、石垣島の湿度のせいもあります。布も革も、湿度にやられてあっという間にカビが生えてしまいます。梅雨の時期なんてちょっとサボるだけで、あっという間に黒くなります。カビが生えたものを洗濯するのは大変だし、なるべく家をきれいに保っておきたいので、最低限の布しか使いません。服も、一着買ったら代わりに一着捨てるように心がけています。溜め込んでしまうと捨てるときに罪悪感を覚えるし、処分が億劫《おっくう》になるからです。

幸せ満ちる大掃除

12月と5月は大掃除の月です。12月の大掃除しかしないという人も多いと思いますが、湿度が高い地域なので梅雨に入る前に大掃除をしないと、カビが繁殖して二度と掃除をする気なんて起きなくなります（泣）。

気がつけば増えている本なども大掃除のときに整理します。写真も、見返して心地よい気分になれるものだけを厳選して残す。これだけでもだいぶスッキリします。

年末に二度目の大掃除が終わると、心のすす払いも完了です。来年もこの家で過ごす時間が楽しみになります。

掃除をした日の夜は、明日起きるのが待ち遠しい。どんなに気持ちの良い朝を迎えられるだろうとワクワクし、深い眠りにつけます。

簡単ではない、島の捨て活

私たちは、欲しいものがパッと手に入る便利な時代に暮らしています。ですが、大変なのがゴミ問題。石垣島では、ゴミ処理場の埋立処分地が満杯になりそうな状況です。容易にゴミを捨てている場合ではありません。

だから買うときは慎重に、一時の感情では買わない。大切に、長く使えるものを、時間をかけて選んでいます。買い替えるときは、大体が壊れたとき。役目を果たして動かなくなったホームベーカリーも、フチが欠けて使えなくなったコーヒーカップも、大切に使い切りました。

捨てるのが心苦しいからとものを持たなくなって、結果的に広い家に住めています。そして、ものに囲まれなくても生活できるという実感もついてくるのです。

LIVING WITH COFFEE

Chapter

3

LIVING WITH COFFEE

生きる

ということ

LIVING WITH COFFEE
Chapter 3
14
LIVING WITH COFFEE

「普通」を手放して自由に生きる

普通、という言葉にはものすごい安心感が含まれています。人と同じことをしていれば誰かに非難されることもないし、自分を否定されることもありません。それは誰でも居心地の良い環境ですよね。自分のことを否定されたい！　なんて人はそうそういませんから（笑）。

私も、学生時代のある時期までは、周囲と足並みをそろえて選択することを当たり前のように受け入れていました。みんなが大学に行くなら自分も。みんなが正しいと思うなら自分もと。

何ひとつ自分で決めていなかった。就職活動を目前にしたあるとき、そのことに気づきました。すると突然、他人軸で生きるのが嫌になったんです。自分が本当にしたいことってなんだろうって考え始めると、今まで疑問に思わなかったようなことにも、いちいち引っかかるようになります。

これからの生き方を自分の価値基準で決めていくのは面倒だし、勇気がいる。「普通」という基準にゆだねるほうが絶対楽だ。でもそれでいいのだろうか……？

就職活動からの撤退

今はもう少し柔軟な考え方が増えてきたと思いますが、私が大学に通っていた頃は、大学を卒業したら就職するのが当たり前でした。「大学まで出ていて就職以外の道を選ぶのはバカ者」くらいのプレッシャーがあって、周りの友人はみんなその波に飲み込まれていきました。

大企業に就職すれば安定した人生が手に入るという神話は、まだ社会を知らない学生の耳には甘く響きます。「一流企業に就職すれば勝ち組」と言われれば、誰も負けたくはないので、その道を目指す人が多かったと思います。自分で考えることなく、安定こそが正義だと思っていると、それ以外の尺度で自分の人生を考えられなくなるのではないか……。

私は恐ろしくなり、当たり前のように就職という道を選んでいく友人を見ながら、「自分はこの大きな流れに飲み込まれたくない」と思い就職活動を一切しませんでした。今振り返れば、若いときに抱く特有の感情だと思います。自分は人と違うんだ、とか人と同じことをしない、とかそういう類《たぐい》のもの。

人と違うことをしたいと思っていながらも、当時の私には具体的に進みたい道があったわけではありません。ここで、「自分にはこんな夢があったんだ！」と言えたらかっこいいんでしょうが、残念ながら私にそんな目標はありませんでした。ただ、今振り返ってみると、この「流されたくない」という思いは、今の自分の生活スタイルに繋がるものがありました。

インドでのひとり旅で得たもの

自分の進むべき道が見えない時間を過ごしていると、次第に激しい自己嫌悪に陥りました。人と違う道を進もうと思っていたのに、結局何も思いつかないのか……と自分に失望して、いらだって、でも心のどこかでまだ期待している。その繰り返しでした。

そんなとき、インド帰りの友人に「インドに行ったら人生観が変わるかも」とすすめられたのです。インドに行ったら、自分が抱えているモヤモヤがなくなるのかもしれない。旅に出れば価値観がガラッと変わって、目標が見えたらまた人生を歩み始められるかもしれない、そう思いました。

バックパックひとつで、いざインドへ。期待に胸を膨らませて旅をしましたが、私の価値観が変わることはありませんでした。モヤモヤが晴れることもなく、私は今何をしているんだ？　日ごとに焦燥感は募るばかり。自分ひとりが社会から置いていかれたみたいに感じているのに、流れに乗りたくないというわがままな自分。結局自分はどうしたいのか、自分って一体何なのかという思考のループにハマっていきました。

価値観は変わらなかったけど、旅をして分かったことがあります。
それは環境を変えても、自分自身は何ひとつ変わらないということ。

人は、外からの刺激で簡単に価値観が変わると思いがちだけど、そんなことはないというのが私の実感です。
どんな環境にいても変われないのなら願うだけ無駄です。欠点だらけでも、ありのままの自分で生きていくしかない、そんなシンプルな結論に行きつきました。

結局、人が変わるためには途方もない時間が必要で、何かが一瞬にして変えてくれることはないと思います。そんな魔法のようなメソッドがあったら教えてほしい

（笑）。日々の積み重ねの中で、本当に少しずつ変化していくものなんです。

そのままの自分を受け入れればいいか、と思い、それから27歳までアルバイトをして生計を立てていました。

今風に言うなら、典型的なダメ男です。ＹｏｕＴｕｂｅの動画ではすごくしっかりしているように見られている私ですが、全然そんなことないんです。おそらく、みなさんの子どもや家族が、当時の私のような男を連れてきたら、そっと「お付き合いするのは……やめておいたほうがいいんじゃない？」と耳元でささやきたくなるでしょう。

だけど、そんな私もひとりの女性との出会いで少しずつ変化していきます。

Chapter 3
15
LIVING WITH COFFEE

インドでも変わらなかった人生を、夫婦という絆が変えてくれた

行けば人生観が変わると言われていたインドで、何も変わることがなかった私。その後、アルバイトと旅行に明け暮れる日々を送っていたところ、転機となる女性との出会いが訪れます。

それは現在も私を支えてくれている妻です。

ひとつの出会いだけで、人生が動くこともある

妻と出会ったのは25歳のときです。共通の知人の紹介で知り合ったのですが、物静かな中にも芯を持つ女性、というのが第一印象でした。

彼女は、初めて会ったときから私の悩みを親身に聞いてくれました。大学生のときに就職の波から外れようと思ったこと、人生が変わると思ったインドの旅で何も変わらなかったこと……初対面の相手に話したら引かれてしまいそうなことばかりですね(笑)。でも、彼女は違いました。真剣に私の話を聞いて、内面を理解してくれようと思っているのが伝わってきたのです。悩みに対してのアドバイスが的確で、問題を解決するためにどうしたらいいのかを一緒に考えてくれます。それは、今でも変わらない妻の魅力です。

何度もそういった話をするうちに、自分と価値観やものの見方が似ていることに惹かれ、お付き合いをすることになったのです。もし、妻と出会っていなければ、私は今でも自分探しの旅をしていたかもしれませんね。

みんな違ってみんないい

当時の私は、妻の目にはとても自由に映っていたそうです。インドへバックパックひとつで旅をしていたからでしょうか？　もしかしたら、東京で忙しく仕事をしていた彼女とのギャップを感じていたのかもしれません。

また、人に対しての寛容さが印象深かったそうです。これはどういうことかというと、自分の価値観を他人に押し付けないという意味です。

他人に対して寛容であっても、親しい間柄や身内となるとなかなかそうはいかない。関係が近くなるほど、同じ価値観で生きるべきだ、という思いが自然に芽生えてくるもの――。なぜ価値観の違いが受容できるかというと、絶対的な正解や正しさなんて存在しないと思っているからです。１００人いれば１００通りの考え方があります。「あなたも正しい、私も正しい」が私の考え。若い頃の海外放浪で、自分の常識や価値観が通用しない、という経験をしたからかもしれません。また、日本人がすると許せない行為でも、外国人がするとそうでもないってこともよくありました。自分と同族だと思うと、期待値が高くなるのでしょう。

たとえ家族であっても、宇宙人だと思えると、案外違いも笑って許せるかもしれません。私の妻も、けっこう遠くの星から来ているみたいです（笑）。

悩み続けたことが、突然解消することもある

彼女の実家がある沖縄を一緒に旅行することになりました。彼女は親に、「付き合っている人と沖縄に遊びに行くよ」と伝えたのですが、これが大きな誤解を生むことに……。彼女の実家に遊びに行くと、どこでそうなったのかは分かりませんが、「娘が結婚相手を連れてきた！」と親戚中が集まり、信じられないくらいの祝福ムード。ただの観光で来ました、なんてとてもじゃないけど言えない（笑）。

このときの私は、まだ職歴もなくアルバイトをしている頼りない男です。彼女は親戚の人の質問攻撃に苦笑いで答えを濁すばかりでした。

27歳にもなってアルバイトしかしたことがない。確かに結婚相手としては心配になる状態です。それでも、彼女の親は私の職歴など気にすることなく、喜んでくれました。その姿を見て、「こんなに歓迎してくれるなら結婚を考えてもいいんじゃないか」

と彼女に話し、意識するようになったのです。

結婚を考えたときに、初めて「就職」を真剣に考えるようになりました。彼女が東京での生活に疲弊していたことも、就職を考えた理由のひとつです。現在はよく笑う妻ですが、当時は仕事のストレスを抱えて自分を見失っていたように思います。こうして、私が就職するのと同時に彼女は仕事を辞め、沖縄で生活することにしました。

夫婦関係が円満な理由は、お互いを縛らないという思いやり

根本的な価値観が同じだったとしても、ささいなことが気になって言い争いになってしまうことがあると思います。夫婦といっても別の人間。それまで、まったく違う環境で生きてきたふたりが、最初から上手くいくというのはレアケースです。

ですが、言い争いになったときにどうやって折り合いをつけるかで、夫婦関係はいい方向にも悪い方向にも変わっていきます。私たち夫婦には、お互いが穏やかに生活するために気をつけていることがあります。それは、若い頃の失敗から学んだものだったり、日々の習慣で身についたものが基盤になっています。

分担をやめると平和になる

いい夫婦関係を築こうと思ったときに、生活のルールを決めるのはよくあることだと思います。それは、例えば「料理は妻が作るもの」という無意識の思い込みもそうですし、掃除や洗濯の分担を決めたりするのも当てはまります。

私も、若い頃は「料理は妻が作るもの」という思い込みを持っていました。自分が育った家庭だと母親ばかりが料理していたので、それ以外の姿が想像できなかったのです。当時は妻もパートで働いてはいましたが、夜になってごはんが出てこないと「あれ、ごはんは……?」なんて言っていたこともあります。仕事で疲れて帰ってきたのに、食卓に簡単なおかずしか並ばない日は、不満を持ったこともあります。

ですが、あるとき思ったのです。妻が食事を作るとお互いに決めたわけでもないんだから、自分で作ればいいじゃないかって。私は、子どもの頃から料理をするのが好きだったので、料理に対するハードルはそこまで高くありませんでした。他人が善意でやってくれることを、勝手に期待するよりも、必要だと思うことは自分でやればいい。この考え方は、夫婦だけでなく、対人関係にもゆとりを生んでくれました。

妻も、若い頃は私の生活態度にイライラしていたことがあるそうです。私はまったく覚えていないのですが、毎日のように靴下をリビングに脱ぎっぱなしにして放置していた……らしいのです。そのたびに、洗濯機に入れるように促しても直らない。ついに「帰ってきたら洗濯物は洗濯機に入れる」というルールが作られることになったのです。

ルールがあると、一見分かりやすい基準ができるので上手くいくような気がします。でも、これはまったくの逆効果でした。またもや靴下を脱ぎっぱなしにした私に向けられたのは、妻の深い落胆。靴下を放置したことに加え、「約束を反故《ほご》にした」という新たな怒りまで生み出してしまいました。

心地よく暮らすためのルールにイライラするという矛盾に、当時はお互いに気がつきませんでした。ルールを作ってからの妻は、「次はいつ約束を破るだろうか」という思考にすり替わっていき、まるで監視をしているような生活だったそうです。

このルール決め、もうひとつ夫婦の溝を生む原因がありました。それは、ルールを作った側ができなかったときに、今度は責められる側になるということです。妻が忙しくて洗濯物を片付けられないときがあると、「自分でルールを作ったのに守らないのか」と不信感を抱くようになってしまうのです。

お互いにルールで縛り合ううちに、本来の目的であった良好な夫婦関係からはかけ離れていく。そう感じた妻は、ルール決めも注意するのもやめて、静かに見守ってくれていたそうです。

不思議なもので、何も言われなくなると次第に自分で気がついて片付けるようになるんですね。……私は覚えてないんですけど（笑）。結局、人に言われてやることに持続性はなく、自分で気づくことでしか変わらないのです。

期待しないで、諦める

文字にすると、すごく冷たい人間みたいですね（笑）。期待、というとすごくポジティブなイメージがありますが、自分自身の期待が、相手にとって同じようにポジティブなものだとは限らないと思うのです。一方的に相手に期待してそのとおりにならなかったとき、失望へと繋がってしまいます。

最初から他人に期待しなければ裏切られることもなく、失望することもない。他人に何かをしてもらうことを諦めるほうがストレスは少なくて済みます。

諦めるというのは、決してネガティブな言葉ではありません。仏教では「明らかに見極める」という意味で使われていて、あなたはこうあるべきだ！　という思いを手放して、あるがままの相手と向き合う覚悟みたいなものなんだそうです。決して妥協ではなく、「聖なる諦め」です（笑）。

例えば価値観は人それぞれ。何を幸せに感じるか、許せないのか。好みのコーヒー、好きなパンだって違うのだから、すべてが合致するわけないですよね。ですので、価値観の押し付け合いは不幸の始まり。毎日自分と同じものを食べろ！　と強要されるようなものです。

互いに価値観を理解しよう、理解させようとすると、沼にハマって共倒れするかもしれません。分かり合おうと近づきすぎるよりは、むしろ一線を引いて距離を置く。互いの価値観を侵略し合うことを諦める。相手をコントロールしようという思いが消えると、不思議と関係が上手くいき始めます。分かり合うために使ったエネルギーはなんだったの？　と思うくらい（笑）。

相手を受け入れるというと難しく感じますが、期待をやめる、諦めるだとなんとなく分かるような気がしませんか？

朝、妻がスムージーを作ってくれたときに「ありがとう」という言葉が出てきます。私が食後、無意識に皿を下げたことに「ありがとう」という言葉が返ってきます。やってくれて当たり前という考えから離れると、相手がしてくれたことに対して、嬉し

い気持ちになる。すると自然に出てくるのです。
他人が自分にしてくれることは、当たり前じゃなくて特別なこと。
期待しないことで生まれたのは感謝の気持ちでした。

Chapter 3

17

LIVING WITH COFFEE

変哲のない毎日を過ごせることが幸せ

若い頃は、いつもと変わらない日常を送るのはつまらなくて、刺激的な日々を送りたい。そのほうが充実していると思っていました。確かに何かを経験して感動したり、心が揺さぶられる特別な時間は魅力的です。

ですが、年齢を重ねるごとに、激しい変化よりも何の変哲もない日々を送れることに幸せを感じるようになりました。何もないと思っていた日常の中にも、日々変化するものがあります。

コーヒーが上手く淹れられた日は嬉しいし、庭に植えた花につぼみができると咲いた姿が見られるのが楽しみになります。それは、ほかの人から見れば取るに足らない時間かもしれませんが、私にとっては最上級の幸せです。

心を整える、平日朝のルーティン

起床は朝5時。子どもの頃から寝起きはいいほうで、朝から元気に活動できます。隣で寝ている妻を起こさないように、そっとベッドを出ます。

朝のプロテインを一杯飲んだ後は、精神をリフレッシュさせるために座禅を組みます。その後、ネットサーフィンをして最近あったニュースをチェック。家にはテレビがないので、ＰＣとスマホで世の中の情報を手に入れています。

6時頃、それらを終えて弁当と朝ごはんを作り始めます。大体、でき上がる頃に妻が起きてくるので、一緒に朝食タイム。美味しそうに食べてくれる姿を見て、私は仕事へと出かけます。妻は、ごはんを食べ終わったら掃除や洗濯などを済ませてくれます。

仕事は定時で終わらせ、残業をすることはほとんどありません。帰りはジムに寄って1時間ほど身体を動かしてから家に帰ることもあれば、すぐに帰宅してパンを作ることもあります。

私が仕事に行っている間に、妻は買い物に行ったり、ジムに行ったり、動画の編集などをしつつ、19時くらいには夕ごはんの準備が始まります。

前述しましたが、我が家には家事の役割分担やルールがありません。ですが、お互いにやりたいことをしているうちに、自然に私が朝食を作り、夕飯を妻が作るようになりました。

夕飯を一緒に食べたら、食器を洗って、シャワーを浴びて、あとは寝るだけです。大体、22時から23時には寝るようにしているので、夜更かしすることもほぼありません。


休みの日も一日の流れはほとんど変わらず。朝5時に起きて、朝食を取るところまでは一緒です。日中はガーデニングやＤＩＹをしたり、時間のかかるパン作りや料理に挑戦してみたり、消しゴムハンコ制作に没頭してみたり、天気のいい日はふたりで散歩したり……休みじゃないとできないことを楽しみます。そして夕食からはまた、

平日と同じ時間を過ごします。
休みの日に、仕事をしているときと同じように生活していて疲れないのか、と言われたこともあります。逆なんです。平日も休日も同じようなリズムで生活することで、逆に体調にバラツキが出なくなります。
休日は寝たいだけ寝てリフレッシュする人も多いと思いますが、できるだけ毎日リズムを変えない生活は、ストレスが軽減されるのでおすすめです。特にしっかり睡眠はとること。寝起きのリズムがくずれそうなら、思い切って何かの手を抜く勇気も必要です。

LIVING WITH COFFEE
Chapter 3
18
LIVING WITH COFFEE

座禅が教えてくれたもの

いきなり座禅や瞑想と言われても、みなさんの生活には馴染みがないと思いますが、簡単に言うと深呼吸をしているだけです（笑）。私はこの習慣を15年くらいほぼ毎日続けています。最初の頃は、瞑想していると過去の失敗や後悔、未来への不安などが次々に浮かんできて、精神が休まるどころか不満が増幅することもありました……。

人間は気づかないうちに、「もっといい状態になりたい」という欲求を持ったり損得勘定をしてしまうものです。だけど、大切なのは欲求や不満、不安を持っていることに気がつくこと。欲求や不満、不安に気づき、外側から眺めることができると、それらに巻き込まれることが減っていきます。また、単純に深い呼吸によるリラックス効果もあります。

みなさんも、1日5分、目を閉じて深呼吸する時間を作ってみてください。続けてみると、自分なりの気づきが見つかるかもしれませんよ。

願望と実現を超えて

瞑想を始めたきっかけは、頭が良くなるとか、願いが叶うようになるとか、男としての魅力が上がる……というのを本で読んだからです。意外にも、瞑想のイメージとはかけ離れた、邪念だらけの欲望で始まったのでした。座って瞑想するだけで、自分の願いが叶うなんてお手軽すぎる！

しかし、何ヶ月続けてみても、一向に効果を実感することはありませんでした。何ヶ月も続けた手前、「ここでやめるのはもったいないかも」とか、「もう少しやったら効果が出るのかも」と往生際の悪さが出て、1年、2年と時が過ぎました。なんとか効果が出ないものか、と瞑想の時間を10分から30分に延ばしても、効果は出ませんでした。

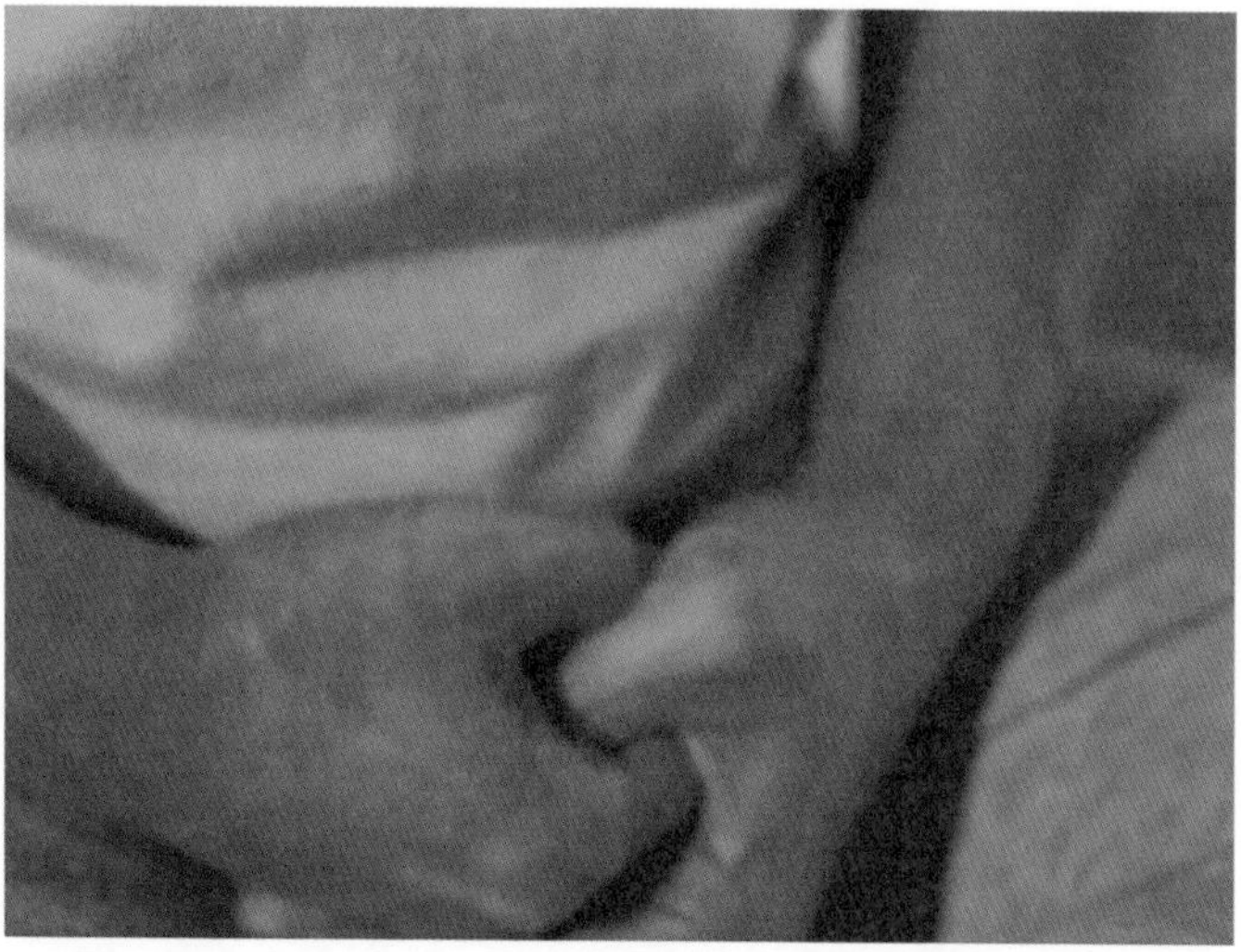

それでも、何年もしつこく瞑想を続けているうちにふと気がついたこと。それは、いつの間にか瞑想によって望みを叶えようという期待が消えていたことでした。何かを望むっていいことのように思えますよね。でも今となっては、それは意外とストレスの原因なのかもと思うようになりました。
結果を期待しては裏切られ、叶ったら叶ったで、もっともっとと求めてしまう。願望と感情の浮き沈みは、常にセットでどうも落ち着かない。
とはいっても、願望がないと失望もないけれど、何かを手に入れる達成感もない。生きている実感に繋がるドキドキワクワクもない。

望むこと、望まないこと。それぞれの良さがあり、こっちがいい！　と断言できるものではありません。ただ人生の折り返し地点を過ぎた今の自分には、静かな心の状態が何にも増して心地いいのです。

ただ気持ちのいい朝を迎えられること、ゆったりと呼吸を意識できる時間があること、さらさらと流れるような日々の暮らし。刺激的ではないけれど、それだけで十分満たされていると思えるようになったのです。

自分の足元にあった幸せに気がつくと、今まで作業のようにこなしていた仕事や家事にも、違った見方ができるようになりました。

暮らしの中に禅の心を織り込む

人間というものは弱く、いくつになっても人生に悩み迷うものです。何かしら自分の中に道しるべとなる言葉があれば、とても励まされます。

禅に関する本は、好きでよく読みます。その内容は、宗教じみたものでもなく、今まで私たちが大切にしてきた考え方でした。妻はヨガが趣味なのですが、ヨガにも繋がるのが禅の考え方。

禅というと、なんだか堅苦しく感じたり、守らなければいけない決まりがあるんじゃないかと思う人がいるかもしれません。でも、単なるひとつの考え方でしかありません。

私たちの生活の中で、共感できる言葉を少しだけ紹介したいと思います。興味を持った方がいたら、ぜひ触れてみてください。

知足《ちそく》＝足るを知る

これは、必要なものはすでに足りている、必要以上に求めないというような意味です。人間の欲求は、放っておくととどまることがありません。例えば、10万円のバッグを手に入れたとして、身近な人が30万円のバッグを持っているのを見ると、途端に自分の持っているものがつまらなく見えてしまいます。そうすると、今度は50万円のバッグを見つけに行く……という無限ループに。終わりのない欲求なので、いつまでも満たされることがありません。上を見てはがっかりして、自分の持っているものを愛せない。

自分には何が足りていて、何が足りないのか。たばこやお酒をやめたこと、生活に必要なものを選ぶこともそうです。それを正しく理解することが、欲望と向き合うことに繋がります。自分は今のままで十分足りているんだと分かりました。自分にとっていらないものを知るということも大切です。

和顔愛語《わげんあいご》

笑顔で思いやりのある話し方で人に接すること。これは、自分のためだけではなくて周りにいる人のためにもなることです。人の性格は、周りの環境や一緒にいる人に影響されるそうです。怒鳴る人と一緒にいたら、自分も怒鳴るようになる。優しい人といると優しくなれる。

そう考えると、自分のあり方を意識することは本当に大事です。日々の忙しさにストレスを抱えていると、思いやりや笑顔、平常心すら失ってしまいます。

人に接するときもそうですが、自分自身に対しても同じです。しんどいときこそ、「ま、いいじゃないか」と優しく声をかける。心では泣いていても、笑ってみる。人は笑いながら怒ることはできません。気分に流されるのではなく、気分を選び取る。私にとって「和顔愛語」は、そんなことを思い出させてくれる言葉なのです。

日々是好日《にちにちこれこうじつ》

簡単に言うと雨が降った日も晴れた日も、ただの一日という考え方。例えば、雨は人間にとっては憂鬱《ゆううつ》な日です。会社に行くときに、雨が降っていると「会社行きたくないなぁ……」なんて思ってしまいます。

私たちの住んでいる石垣島は、車が横転するような台風がやってきて、草花をなぎ倒して去っていきます。だけど、そのたびに落ち込んでいては、この過酷な環境では生きていけません（笑）。

台風が来て、雨が降らなければサンゴは死んでしまいます。人間にとっては面倒な台風も、サンゴから見たら恵みの雨。だから、いい日も悪い日もない、というのが日々是好日の考え方。

今まで生きてきて思うのは、何かがあると、「いい」「悪い」とそのときは一喜一憂するけれど、時間がたてばその解釈さえも変わってしまうということ。いい日も、悪い日もなく、やはりただの一日なのです。

YouTubeなどのコメントで、どうしたら日々穏やかでいられますか？　とよく聞かれます。何か秘密があればいいのですが、何もありません（笑）。しいて言えば、暮らしとの向き合い方でしょうか。皿を洗う、料理をする。毎日の小さな作業ひとつひとつに真摯《しんし》に向き合う、心を込める。そうするとお皿もピカピカ、料理も美味しくできます。達成感でいっぱいになります。それだけ？　って感じですが、それだけです（笑）。今のサイコーが最高の明日を作る、というのが私が実感していることです。

幸せな暮らしを夢見ながら、今の暮らしをおろそかにする。昔はそんなこともしていました。でも疲れた心身を休め、癒し、導いてくれるのは、結局この場所、日々の営みだと感じています。

Chapter 3 19 LIVING WITH COFFEE

ひとりのときも
ふたりのときも、心地よく

20代や30代の頃には、仕事を優先するか、家庭を優先するかで悩む人もいると思います。人に評価されて認められるうちに、仕事へのやる気が湧いてくると、家庭よりも優先すべきことという考えになる人もいますよね。

私はというと、何よりも家庭が優先。それは、先ほど書いたように他人に承認を求めないことも影響していると思います。仕事にアイデンティティを求めない。だから、仕事への取り組み方を工夫し、なるべく残業しないで定時で帰るようにしています。お金をかけずに生活を楽しめていることも大きな理由です。キャパを超えてまで稼ぐより、自分自身や家族との時間のほうが大切だから。

若い頃は自分の死期なんて、考えることがほとんどありませんでした。でも、年齢とともに身体が衰え、周りの友人が病気になったという話を聞くことが増えてから、改めて家庭の大切さを考えるようになりました。どれほど仕事を頑張っても、仕事相手が自分の最期を看取ってくれるわけではありません。結局、最後に私を見送ってくれるのは家族です。だから、私にとって仕事は生きていく手段であって、目的ではありません。目的と手段を切り分けて、大切な家族に時間が使えるような暮らし方をする。これが生きる目的、私の幸せです。

互いを思いやるための、心の余裕

付き合いが長くなると、会話がなくなってしまう夫婦はけっこう多いそうです。話のネタがなくなったり、話したいと思う相手じゃなくなったり、理由は様々。

話したくないと思うとき、きっと人はイライラしているはず。それは、夫婦間の苛《いら》立《だ》ちかもしれないし、仕事でのストレスかもしれません。

私たち夫婦にも、もちろんどちらもあります。でもお互いに、いい意味で相手に期待しないので、「なんでやってくれないんだ」と不満に思うことは少ないし、互いを束縛することなく生活しています。ひとりで買い物に行くこともあるし、妻を誘ってふたりでジムに行くこともあります。絶対にふたりで行く、と決めないから手に入る心地よさです。

私も人間なので、仕事や人間関係でイライラすることはあります。でも、家に帰って家事をしていたり、パンを作ったり、好きなことをしているといつの間にかストレスが消え去っています。

自分の気持ちを落ち着かせていると、妻との何気ない会話も楽しいです。庭に出て「今日は天気がいいね」「風が気持ちいいね」とたわいのない会話をすることもあれば、「幸せってなんだろうね」「人って欲深い生き物だよね」なんて少し哲学的な話をすることも（笑）。

こうして会話を楽しめるのも、心の余裕があってこそ。どんなにできた人でも自分の心に余裕がなければ、余暇を楽しむことも、ましてや人を思いやる心なんて持てませんよね。そして心の余裕を作るのに効果的なのは、時間に余裕を作ることです。「寛容な自分になろう!」と必死で決意することではありません(笑)。

私は時間に余裕のある暮らしを手に入れるため、試行錯誤してきました。自分にとっての幸せの価値観を見つめ直す、人生で優先すべきこと、捨てるべきことを見極める。時間を手に入れるためには、「選び取る」という面倒くささを乗り越えなければいけませんでした。

ただ流されるままに生きていたら、たぶん今の時間的な余裕は得られなかったと思います。今のライフスタイルを築くまでには長い時間がかかりましたが、「余裕」が人間関係にもたらす力は絶大です。大切な人といい関係でいるためにも、暮らしを見直し、心の余裕を育んでいけるといいですね。

息子といっても、自分とは違う人間

今まで夫婦のことばかり書いてきましたが、息子がひとりいます。沖縄で育った人たちは、その多くが就職のタイミングで地元を出ます。純粋に就職する場所が少ないということもあるだろうし、若い頃に感じる「都会へのあこがれ」なのかもしれません。

なんとなく、18歳になったら息子も巣立っていくのだな、なんて思っていたら、息子は島外の高校に進学する道を選んでいました。自分たちが思っていたよりも早い。でも、何事も自分の思い描いたようにはならないのが人生です。

離れて暮らし始めた頃は、家の中が静かなことに寂しさを覚えました。でも、離れて住んでみて気づいたこともあるのです。近くにいると、息子のいいところよりも、悪いところが目について、いろんなことに口を出したくなってしまう。自分は人に口を出されるとやる気がなくなってしまうのに、親なんて勝手なものですね（笑）。自分が子どもの頃に言われて嫌だったことなんて忘れてしまって、自分の考えを押し付ける……気をつけないといけませんね。

ガーデニングのときにも書きましたが、愛情をかけすぎてもいい結果になるとは限りません。その人が必要なだけの愛情を注ぐこと、それは見守ることかもしれないし手助けすることかもしれない。その子らしい花が咲くように、目の前の子どもをしっかり見てあげたいものですね。

息子といっても、自分とは違う人間。頭では分かっていても、気がつけば心のどこかで自分の所有物のように考えているときもありました。ですが、離れて暮らしてからは、そういう感覚がなくなったような気がします。久しぶりに息子に会って話をすると、いいところが見えるようになりました。自分で言うのもなんですが、素直ないい子です。

子育ては家庭ごとに違うと思うけれど、私たち夫婦が一番に考えていたのは〝自立〟です。そういう意味では、自分で進路を考えて、自分の夢のために高校からひとり暮らしをするというのは、十分自立できていると思います。

大人になると、大きな変化が怖くなってしまうけれど、知らない土地で自分の居場所を築き上げたくましく生きる息子を見て、強さって柔軟性のことなんだなと気づかされました。

年齢とともに、新しいことを始めるのに抵抗を感じるようになりました。それってよく心を見つめてみると、「弱さ」なんですね。新しいことへの不安とか、恐怖。失敗したら恥ずかしいな、とか。慣れ親しんだ場所で安心していたい（笑）。でも柔軟性のない心はきっと折れやすい。

強い自分になれるよう、新しいことにもチャレンジしていこう！　そう思わせてくれたのも息子でした。

Chapter 3
20
LIVING WITH COFFEE

老いを受け入れ、新しい生活スタイルを考える

ジムに通って身体を動かすことは日課のひとつ。その目的はボディメイクのためだけではなく、これからも健康に生活するためです。50歳を過ぎて思うのは、意識的に身体を動かさないと、ものすごいスピードで衰えがやってくるということ。年齢とともに痩《や》せにくくなるので、体脂肪に着目しがちですが、減っていく筋量のほうが問題です。やみくもに数字を追いかけてダイエットすると、逆に体調が悪くなることもあります。これからの身体作りは、「体重を減らすより、体調を良くすること」を意識するといいかもしれません。

たばことお酒をやめられた理由

私は結婚する前、喫煙者でした。若い頃は身体への影響なんて気にも留めなかったけど、あのとき妻にたばこをやめてほしいと言われたのを素直に聞いておいて良かったと思います。なかなかやめられないという人も多いと思いますが、私の場合はすんなりとやめられました。たばこをやめてみると、吸いたいから吸っていたわけではなく、単に習慣化されていただけだと分かりました。

お酒も癖になっていて、毎晩飲んでいました。ですが、35歳のときに病気が見つかったのを機に、飲酒の習慣から離れることができました。お酒を飲んでいると心地よいけど、翌日に身体がだるくて何もできないということもしばしば。お酒を飲んだときに感じる一瞬の心地よい時間に比べて、明らかに無駄にしている時間が長い……。

反対にお酒をやめてからは毎日スッと起きられるし、趣味にしっかりと没頭できる！　日々、元気に活動できるほうが心地よいと感じてから、お酒に対する欲求はなくなりました。変な話ですが、病気になって良かったと思うくらいです。

失ったときにその価値に気づくと言いますが、あの悪習慣があったからこその今の新習慣です。どんな経験も無駄ではないですね。

体力の変化に合わせて暮らしのサイズを整える

毎朝プロテインを飲み、適度にジムに通って、健康には気をつけている私も、体力はすでに下り坂です。とてもじゃないけど、若い頃と同じようには動けません。

若い頃の筋トレは、痩せるためだったり、体型維持のためだったけど、現在の運動は違います。いかに長く健康に生活できるかが、これからの私にとっては大切。

つい先日もジムに行ったのですが、1年前に上げられていたはずのバーベルが上げられなくなっていました。でもそれも自然なことです。重量にこだわらず、今の自分の体力に合わせてトレーニングの質を変えていけばいいんです。

中高年にとって重要なのが、「無理はしないけど、年齢を言い訳に諦めない！」ということ。身体の不調は想像以上に心を蝕《むしば》みます。心身共に健康でいられるよう、身体の声を聞きながらコツコツ継続しています。以前は苦なくできた庭の手入れも、最近はその広さに少々手を焼いています。「これから先は、もう少し暮らしを小さくまとめよう」と思うようになりました。

自分たちにできることはこれから先も、どんどん減っていきます。それは誰もが通る道。体力がなくなったり、できないことが増えたときに、暮らしのリサイズを考えられると、生活に無理がなくなります。

何でも上昇したら下降する、人生も拡大する時期が終わったら、縮小していくのが自然です。いつまでも「あれもこれも」と拡大しようとせず、得たものやスペースを少しずつ手放しながら、身軽になって閉じていく。

なかなか難しいことだとは思いますが、徐々に暮らしを小さくしていくのが、今後の目標であり楽しみなことです。

Chapter 3
21
LIVING WITH COFFEE

YouTubeで生活を発信すること

子どもも手を離れ、これからの人生をどう生きようか？　と考えるようになってきました。人はひとりでは生きていけません。私が食べる食材もパンを作るための小麦粉も、誰かが作ってくれるから私は趣味を続けられています。もしも一から全部を作ろうと思ったら、それだけで人生が終わってしまいます。それは、それぞれの場所で働いている人が、私に時間をくれているのと同じです。

それ以外にも、身近な人が私を助けてくれています。家族や友だち、知り合ったすべての人が関わってくれたから今の私があります。月並みな言い方ですが、自分で生きてきた、というよりやはり生かされてきたな、というのが実感です。

人生の後半、何か恩返しできたらいいな……と漠然と思いながら、では具体的に何ができるか？　と問われれば、「う〜ん」となってしまいます。何をどう返していいのかも分からないし、そんな能力もないと思っていました。

やらない理由を探すより、考えすぎずに始めてみる

私が楽しそうにパンを作り、コーヒーを淹れているのを見た妻が、「ＹｏｕＴｕｂｅで動画を出してみない？」と提案してきました。名もなきおじさんが、コーヒーを淹れるところなんて見て、面白いと思ってもらえるのだろうか？　今から編集を覚えられるのだろうか……。やらなくていい理由はたくさん出てくるのに、やるべき理由はなかなか出てきませんでした。

だけど、そうやってやらない理由を探している自分はなんともかっこ悪い。そんな自分が嫌で、重く考えずに始めてみることにしました。最初のうちは、誰も見ないだろうなんて思っていたのですが、登録者はジワジワと増えて、現在では約17万人の人に動画を楽しんでもらっています。

こんなことは想像もしていませんでした。だけど、もし17万人に見られる可能性があると、始める前に知っていたらきっと尻込みしていたでしょう。それすらも、やらない理由にしていたと思います。

動画を始めて思ったのは、何事もやってみないと分からないということ。最初はしぶしぶだった動画への出演も、今では楽しんで続けられています。それは、まさに家事と同じ感覚。嫌々始めた掃除も、目に見えて部屋がきれいに変化していくと、やる気がどんどん増していくような。

動画のスキルがアップすると、見る人も増える。視聴者からのコメントが原動力となり、制作意欲に繋がる。最初から大きな1歩を踏み出そうと意気込まず、結果を期待しないで始めたのも良かったと思います。

楽しみは探すのではなく、やってるうちに生まれてくるもの。何が楽しみに変わるか分からないものですね。

妻の支えがあればこそ

動画撮影は妻の担当です。「私はお手伝いしてるだけだから」と、動画に出ることはほとんどありませんが、私がパンを作るところをカメラで追いかけ、「ここは違う撮り方のほうが良さそう」なんて意見をくれることもあります。敏腕プロデューサーです。

動画に流れる言葉は、夫婦の会話中に出てきたことがヒントになっています。4月になって「そろそろ新生活が始まる時期だね」という話から広がって生まれた言葉は、新しい生活へと踏み出す人の力になるように。梅雨の時期に入って「鬱々《うつうつ》とした気持ちになってしまうね」という話から、元気の出るような言葉を見ている人に伝えるように。

妻がいなければ、ＹｏｕＴｕｂｅを始めることもなかったと思います。私の人生に新しい風をもたらしてくれて、本当にありがとう。

やりたいことはブレずに、コメントは励ましに

最近では、ネットの誹謗中傷が問題になっていますが、幸運にも私たちの動画を見てくれている人は心優しい人ばかりです。それでも、最初の頃はたくさん集まる意見に翻弄されました。「ルーティンが見たい」と言う人もいれば、「そんなものに興味はない」と言う人もいて、どっちに進めばいいのか分からなくなったことも……(笑)。

それでも、結局は自分たちが表現したいものを作ろうという結論になりました。たくさんの要望を全部叶えるような動画を作ることなんて、きっと誰にもできません。

反対に、たくさんの人から来るコメントに励まされることもありました。「動画を見てパンを作り始めてみました」とか、「Ｍｏｃｈａさんのような旦那さんにはどこで出会えるんですか?」というものまで(笑)。嬉しいような恥ずかしいような、不思議な気分をありがとうございます。

そして何よりも嬉しいのは、動画を見て元気になれた、癒されたという声です。冒

頭にどう人の役に立てばいいか分からないと書きましたが、動画を始めて、こんな貢献の仕方もあるんだなと気づきました。

世界中からいろんな声をいただく。平凡な自分が経験できないようなことをさせてもらえるばかりか、少しでも人の役に立てていると感じさせてくれて、本当に感謝しています。

日々寄せられるコメントを読むたびに胸が小さく高鳴ります（笑）。そしてみなさんからいただく温かいコメントに一番勇気や元気をもらっているのは、間違いなく私たちです。

暮らしに明るいともしびをありがとうございます。

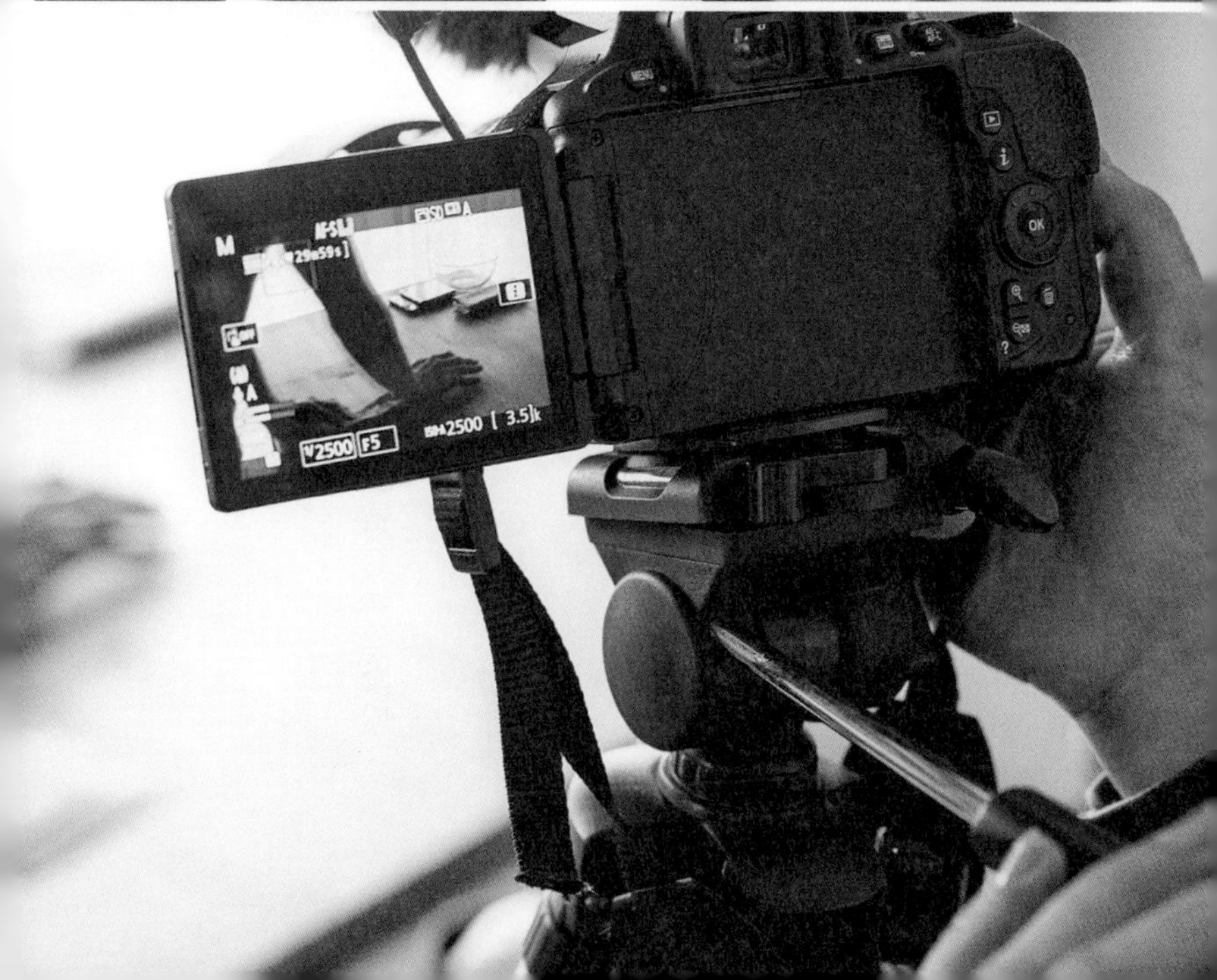
M
F5
OK

おわりに

ここまで読んでいただき、本当にありがとうございました。

日常の中でぼんやりと感じていることを文章化するのは、思いのほか難しかったですが、みなさんに上手く伝わっていることを願っています（笑）。

私の20代の話や、インドを旅したこと、妻との馴れ初めについて書くのは気恥ずかしさもありましたが、昔を思い出す良いきっかけになりました。最近は人生について深く掘り下げて考えることも少なくなってきましたが、大切なことを再確認できたような気がします。

20代の頃から今までを振り返ると、やっぱり考え方や物事の重要度は変化してくるものですね。若い頃には気にしなかった健康ですが、今では最優先事項です。

健康を考えるようになると、自然に食事や運動、心のあり方についてもより意識するようになります。そして、自分のこれからについても……。

残りの人生を家族と元気に笑って暮らしていきたい。
いつ自分が死んでしまったとしても後悔のないように生きていきたい。

健康でいたい、と私が願っているのは長生きしたいからではありません。むしろ、長生きはしたくないって思っています（笑）。私が健康でいたいのは、この先も妻と元気に過ごしたいから。

私たち夫婦がお互いに譲れない願望。それは、相手よりも先にこの世を去りたいということ。究極のわがままですね（笑）。自分に起こるすべてのことは自分の思いどおりにならないと分かっているはずなのに、どうしても望んでしまいます。

でも、お互いに同じように思い合えていることも、幸せだと思います。そう思えるだけの人に出会えたことや、何気ない日常を分かち合えること……お金では絶対に手に入らない関係は、かけがえのない縁です。

私の願いが叶うのか、妻の願いが叶うのかは分かりませんが、せめて後悔のないように毎日を生きていきたい。そんなふうに思います。

人が死を前にしたときに後悔する理由で多いのは、「あんなにがむしゃらに仕事をしなければ良かった」とか、「家族に優しくしておけば良かった」ということだと聞いたことがあります。

少なくとも、今の私はこの2つで後悔することはないでしょう。


自分らしく生き直すことは、いつからでもできると思います。

日々起こる大小様々な出来事を意識して選び取る。今まで大切にしてきたことを捨てることがあっても、その選択に深い納得感と覚悟を持って生きていく。それが自分らしく生きるということかもしれません。

私たちの人生は自分だけのものです。

そして、人生は一度きり。

読んでくれた方が、より充実した人生を歩めるきっかけになることを願って。

Mocha

Staff

ブックデザイン
吉田憲司（TSUMASAKI）

撮影
豊里 裕（kuppography）
Mocha

イラスト
きくちりえ（Softdesign LLP）

DTP
東京カラーフォト・プロセス株式会社

校正
麦秋アートセンター

編集
山岸南美
清水路子（KADOKAWA）

Special Thanks

渡邊さん、佐々木さん（CORES）
SNSを見てくださるみなさま

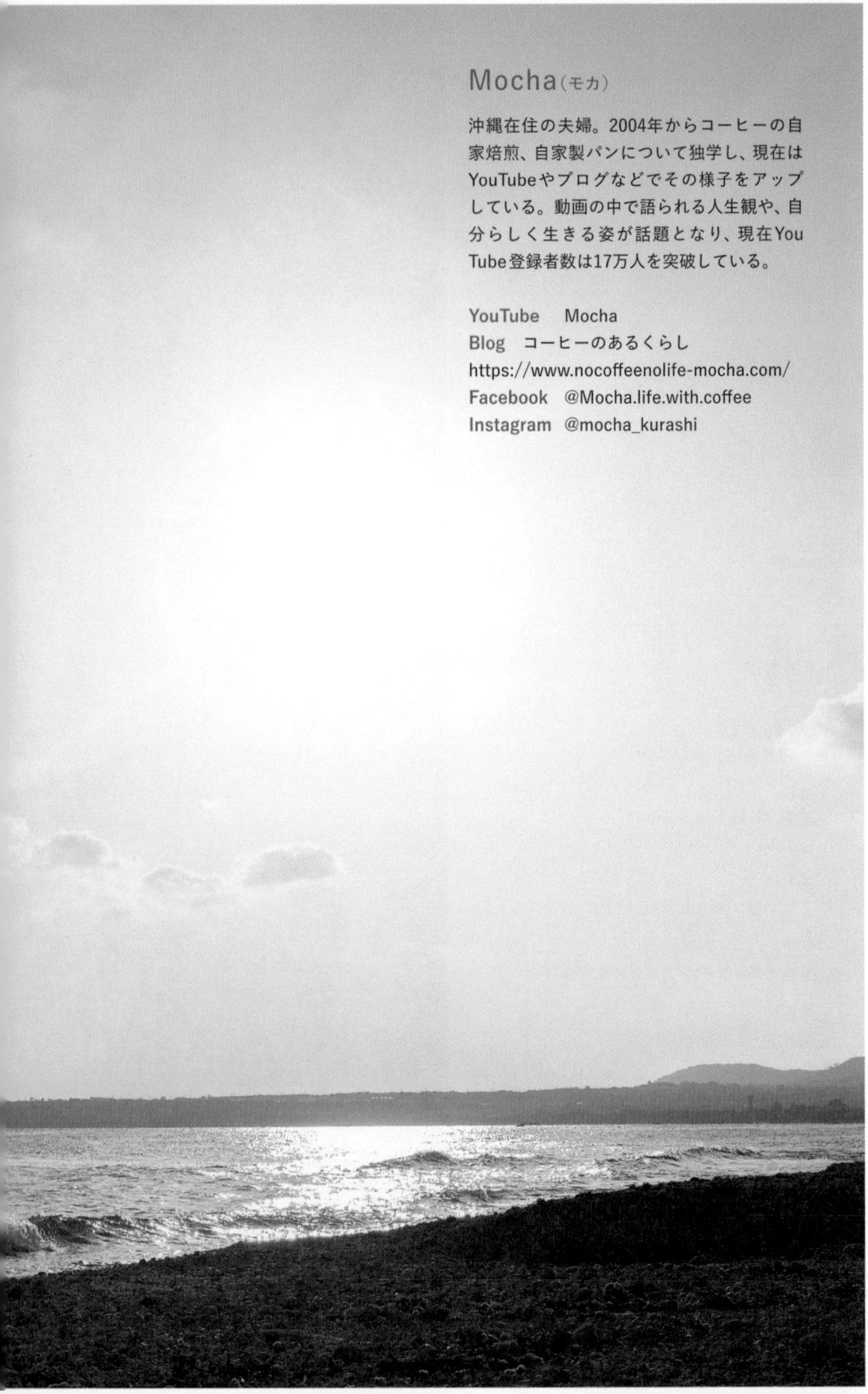

Mocha（モカ）

沖縄在住の夫婦。2004年からコーヒーの自家焙煎、自家製パンについて独学し、現在はYouTubeやブログなどでその様子をアップしている。動画の中で語られる人生観や、自分らしく生きる姿が話題となり、現在YouTube登録者数は17万人を突破している。

YouTube　Mocha
Blog　コーヒーのあるくらし
https://www.nocoffeenolife-mocha.com/
Facebook　@Mocha.life.with.coffee
Instagram　@mocha_kurashi

今日《きょう》もコーヒーを淹《い》れて。
ご機嫌《きげん》に暮《く》らす21の方法《ほうほう》

2021年 7月28日　初版発行
2022年 1月10日　 4 版発行

著者　Mocha《モカ》

発行者　青柳昌行

発行　株式会社KADOKAWA
〒102-8177　東京都千代田区富士見2-13-3
電話 0570-002-301（ナビダイヤル）

印刷所　凸版印刷株式会社

●お問い合わせ
https://www.kadokawa.co.jp/（「お問い合わせ」へお進みください）
※内容によっては、お答えできない場合があります。
※サポートは日本国内のみとさせていただきます。
※Japanese text only

定価はカバーに表示してあります。

ISBN 978-4-04-605362-6　C0077